Ein Unheiliger Schrieb
Jean-Paul Barbe

Widerrede der übergangenen Frauen

Ein unheiliger Schrieb

Zwischen den Zeilen der Luther-Bibel

Jean-Paul Barbe

Berlin, 2016

Berlinica

Widerrede der übergangenen Frauen:
Ein Unheiliger Schrieb
Zwischen den Zeilen der Luther-Bibel
Jean-Paul Barbe

Covergestaltung: Berlinica
© 2016 Berlinica Publishing

Gaudystraße 7,
D-10437 Berlin
Gedruckt in der EU und den USA
Alle Rechte vorbehalten.

Das Werk darf — auch in Auszügen — nur mit schriftlicher Genehmigung des Autors wiedergegeben werden.

ISBN Print: 978-3-96026-007-3
              978-3-96026-003-5
ISBN Ebook: 978-3-96026-008-0

https://berlinica.com/

»Wir wollen lieber fliegen als kriechen«
Elisabeth von Rochlitz, 1502 – 1557

INHALTSVERZEICHNIS

Ein Warn-Blatt	11
Prolog im Himmel **Nachzug aus Eden**	14
Lebuda, Kelimat und die Zwillingspaare **Zahme Adame**	21
Serendibische Schönheiten **Adam sucht Eva**	27
Die Letzte, die Lebende und Lebendige **Die zähe Eva**	31
Vorsintflutliche Dialoge **Abendplausch mit Lilith**	36
Zwischenspiel **Die Folgefrauen**	45
Wie hieß Noahs Weib gleich wieder? **Erfinderinnen**	47
Hannah erfindet das Stummdenken **Eli, der Priester, ist irritiert**	54
Als Israel seinen Elohim opferte **Frauen am Schloss**	57
Eine erbauliche Ein-Satz-Geschichte **Seera**	62
Palmwein und Opferasche **Die Verdachtsschöpferin**	64

Muttertage
Rizpa, die Vogelscheucherin — **70**

Als der Kischon überfloss
Die Mutter von Sessora — **73**

Die Geopferten
Mechula, die Tochter Jiftachs — **76**

Huren bis zum heutigen Tag
Von den beiden Festen in Susa — **83**

Kleines Monument für eine Unbekannte
Die Kebse R 19 — **87**

Cosbi und Simri
Der kleine Herr Pinehas — **90**

Habet ein besseres Leben!
Die Moritat von Midian — **94**

Die verstoßenen Frauen
Fremde Weiber, fremde Zeiten — **96**

David und die Ziklagerinnen
Beute am Fluss — **100**

Wem die Niniviten lesen?
Der weiße Wal — **102**

Wochenweise Liebe: Leas Leben
Liebe stammelnd — **106**

Im Schwarm der Dschinns
Da fiel sie vom Kamel — **112**

Paltiel und Michal
Weinen bis Bahurim — **115**

Abigail und David
Waschungen und kein Ende 120

Was wurde aus Arpa, der anderen Schnur?
Vermissten-Anzeige 122

Jesus-Anhängerinnen in Gádara
Kudrusse überall 126

Die 72 Weiber zu Alexandrien
Schräger Psalter 130

Königinnen müssen schweigen
Briefe oben, Briefe unten 137

Der Gott der Heerscharen
Zahlen mit Schneid 139

Die fremde Frau gegenverflucht Jesus Sirach
Töchter Jaltas 141

Küchenweiber in einiger Entfernung
Den Männern ein Spätschoppen 144

Psalm der Frauenzimmer
Der reife Dornenstrauch 146

Blumen ohne Stiele
Klagelied der Opfer 150

Der Nachen aus Schilf
Last über Lande 151

Flattergold und Bankerhölle
Wider die Steueroasen 153

Nachwort 156
Merk-Zettel 165

EIN WARN-BLATT

*Und trieb Adam aus und lagerte vor den Garten
Eden den Cherubim mit einem bloßen hauenden
Schwerte, zu bewahren den Weg zu dem Baume des
Lebens.*
                                1 Mose 3, 24

Fürchten sollst Du, Leser und Leserin, Dich nicht, der/die Du dieses Buch in der Hand hältst. Weder musst Du ein Grundstudium der Theologie absolviert haben, noch wird von Dir erwartet, dass Du die Bibel kreuzweise intus hast. Denn: die Deutschen ein bibelfestes Volk? Das war mal. Du bist wahrscheinlich, wie der Autor, ein Kulturchrist, ein lesender Kulturchrist: Du musst nicht glauben, aber bist irgendwie zu Hause; könntest aber ebenso wohl ein Kulturmuslim sein, eine Jüdin, oder auch ein neugieriger Atheist.

Du musst Dir nur vorstellen, dass Du — der Boden der Tatsachen und des Alltags gibt so oft und so leicht nach - einmal gestürzt bist oder stürzen wirst in diesen wundersamen Riesenroman, genannt Altes Testament. Diese Geschichten, so losen Inhalts und bunter Form, sind gemeint: auf die stößt Du, von ihnen grenzt Du Dich ab; mit ihnen setzt Du Dich auseinander. Und an bestimmten Stellen musst Du einfach weiterdenken, später sogar weiterschreiben. Die Lücken müssen gefüllt werden, die angelehnten Seitentüren aufgerissen, Menschen, die in der Versenkung verschwunden waren, die meisten von ihnen Frauen, wieder an die Oberfläche gehoben, wie damals Joseph aus dem Brunnen.

Die Alten kannten vier Formen der Interpretation sakraler Texte: *Littera gesta docet*, der Buchstabe entscheidet und lehrt; *quid credas allegoria*, das symbolische Lesen, das das Dogma nährt; *moralia quid agas*, moralisch lesen, das heißt, vom Lesen auf konkrete Lebenswerte zu schließen; und *quo tendas anagogia*, was darf ich hoffen (wie Immanuel Kant sagte). Weniger bekannt, weil oft verschwiegen, ist die fünfte Lesart: *ubi lacuna patet, augmen datur*; wo eine Lücke klafft, man möge sie doch schließen und einfach dazuschreiben, überschreiben, unterschreiben, quer rein, quer raus und rund herum. Wuchernd. Du kommentierst nicht, du spinnst den Faden weiter. Von dieser Art ist dieses Buch.

Du findest eingangs einen Block Genesis, nicht direkt dem heiligen Text aufgepfropft, sondern mehr an die Apokryphen und die reiche mündliche Tradition angelehnt. Lilith, die erste Frau Adams, kommt darin zu Wort und Eva zu Hilfe, auf Kosten Adams, und es entsteht ein sonderbarer Plan B zu einem ebenso wunderlichen Vortext. In den folgenden Kurzkapiteln, in roher Chronologie aufgestellt, findest Du dann die eigentliche Fortschreibung einzelner Frauensituationen und Frauenfiguren, meistens mit einem genau belegten Ansatzpunkt. In einem dritten Teil erwartet Dich ein »schräger Psalter«, lyrischerer Art und zwitterbunt.

Du musst es bei alledem unterwegs nur ein bisschen mit der Sprache haben, mit der unsrigen sowie mit der Sprache Luthers, gewaltgenährt und kraftstrotzend. Dann ist alles gut. Und lass den trüben Rest links liegen; den muss es geben.

Erwarten würde ich aber von Dir, dass Du Dir bei manchem Absatz an den Kopf fasst und denkst: Das kann doch nicht wahr sein, und dass Du im Original nachschaust und Dir Deine Bibelstunden baust. Ebenso sehr aber, dass Du später, bestürzt, einfach an meinem Faden weiterspinnst oder einen neuen einfädelst.

Und willst Du wissen, wie ich, ein französischer Germanist, in den großen Bibel-Kessel geraten bin und dazu kam, mich in Wut und Liebe mit dieser Wortwelt zu balgen — das erfährst Du im angehängten Nachwort. Sela.

PROLOG IM HIMMEL

NACHZUG AUS EDEN

Da aber Adam und Eva das Paradies verlassen hatten, ward die gewaltige Pforte hinter ihnen geschlossen, und der Cherub mit dem bloßen hauenden Schwert stand davor.
Und Adam und Eva stiegen ab über den Paradiesberg und fanden auf einem Berggipfel eine Höhle und bargen sich darin.
Es waren aber Adam und Eva noch jungfräulich, und da Adam wünschte, Eva zu erkennen, ging er zu den Grenzen des Paradieses und brachte von dort Gold, Weihrauch und Myrrhe und segnete die Höhle und weihte sie. Und er gab der Höhle einen Namen und nannte sie Schatzhöhle und bestimmte sie zum Bethaus für sich und seine Söhne.
Und Adam und Eva verließen den heiligen Berg und stiegen hinab bis zu seinen Grenzen und dort erkannte Adam sein Weib Eva.

Das Buch Ephraim, 5

Man liest überall, Adam und Eva sind aus dem Paradies vertrieben worden. Falsch! Eva allein musste gehen. Und ihr Adam ist ihr — nachgezogen. Und Gott war sogar sehr darob erzürnt, dass es dazu kam. Aber Adam hat nicht anders können. Er hat dahinschmelzen müssen, wenn er an sie dachte. So sehr, dass er mehrmals am Tage die Feigenblätter hat auswechseln müssen. Und er hatte den Dreh nicht raus; die neuen Blätter hingen dann immer komisch und er sah aus wie ein Laiendarsteller. Eva hätte dann in solcher Situation leicht spöttisch auf ihn blicken müssen und das steigerte seine Sehnsucht noch mehr. Wer ist mir Spiegel jetzt, jammerte er.

Den letzten, ausschlaggebenden Beweggrund ergab die Sprache. Es war so schön, wie Eva aus Wörtern Worte gemacht hatte. Bliebe sie weg, er müsste sprachlich auf der Stelle treten. Unvorstellbar, es musste mehr werden. Die Sprache hatte es in sich. Und dies Zünglein an der Waage noch: Die gleichzeitig erkannte Nacktheit und die vereinende Scham, wie wermutsüß jetzt der Gedanke daran. Und das noch nachgeworfen: Dass die Bäume »lustig sind anzusehen«, das hatte er von ihr und er konnte folglich keinen Baum in Laubhöhe mehr ansehen. Ein Rascheln war, ein Säuseln: Eva. Kurz, er zog ihr nach. Dieser Nachzug aber ist später von allen Rabbinern und *Patribus Ecclesiae* als Begriff verworfen und der entsprechende Text unterschlagen worden.

Adam überlegte, was Eva hatte mitnehmen können auf dem Weg: Außer den Feigenblättern, eine Wegzehrung, Beeren im Rhabarberblatt, mit Bast zugebunden. Und was man ihr im Gesicht ansah: viel Gedächtnis, viel Störrigkeit und Nichteinsehenwollen. Das mit den Beeren war ein Trick gewesen, sie hatte sich eine Gnadenfrist höheren Orts erbeten, Beeren sammeln und sie austrocknen lassen in der Sonne. Das wollte er nicht machen, das hätte die Stunde der Wiederbegegnung nur verzögert. So ging er ziemlich frei heraus vorbei an dem Engel mit dem Feuerschwert, der ihn anstaunte, aber durchgehen ließ. Hätte er eine Hose angehabt, er hätte die Hände locker in den Taschen haben können. Und pfeifen dabei.

Die Zeit für die Entscheidung war ihm sehr lang vorgekommen, aber es waren doch nur Stunden. So konnte er übrigens Evas Spur leicht folgen, das Gras hatte sich noch nicht wieder ganz aufgerichtet und er holte sie ein; sie saß auf einem Stein, das Rhabarbersäckchen lag neben ihr, immer noch zugebunden. Als sie ihn sah, sprang sie nicht auf, sondern hatte sich wieder im Griff, lächelte ihn an, wie jemanden, der eine U-Bahn später kommt. Ihre Zusammenkunft eine runde, selbstverständliche Sache.

So gingen sie zu zweit dann wieder, etwas schneller, weil Adam größer war und einen mächtigen Stock (den Prototyp von Moses' eigenem) gefunden hatte, mit dem bahnte er beiden einen Weg. Und Eva, ihren langen Mann vor sich, fühlte die Müdigkeit nicht mehr. Nach einiger Zeit aber hörten sie Lärm weit vorne. Sie liefen dem Lärm nach. Ihm immer näher; an einer Stelle war das Gras niedergetrampelt. Und sieh, ein anderes Paar war da, saß auf Steinen. Mit Zeichen verständigten sich die Männer: Drohende Bewegungen wie von hinten kommend, dann auf sich zeigend und mit Zeigefinger nach vorne: lauf, lauf.

Die beiden anderen waren demnach soeben auch aus dem Paradies vertrieben worden. Nein, aus einem Paradies, stellte sich später heraus. Man lief zu viert weiter, eine breitere Grasspur hinterlassend. Doch bald hörte man Lärm in einiger Entfernung vor sich. Man lief darauf zu: und sieh, es war ein drittes Paar, vertrieben ebenfalls. Bald gab es vor ihnen so etwas wie einen vorgezeichneten Weg, mit Gabelungen, aus denen ganz viele Paare heraustraten. Man musste es zugeben: Sie waren ein Treck.

Diese ganze Stelle ist später aus dem Kanon gestrichen worden. Denn damit wäre eine Quelle sichtbar geworden, anhand derer klar geworden wäre, dass Gott nach dem sehr wahrscheinlichen Scheitern seines ersten Paradieses mehrere Parallelparadiese erschaffen hatte, damit eins am Ende vielleicht doch gelinge, schlangenfrei und wissensneutral.

Die Evas waren also mehrere. Wie die Adame auch. Sie zogen gemeinsam. Ganz wenig Gepäck bei sich, dann überhaupt nichts mehr, als die letzten Beeren in den Rhabarberblättern verteilt worden waren. Aber in den Köpfen war das anders: jede Eva war Sprachmittlerin bei dem jeweiligen Mann gewesen, und das Schöne daran: auf eine etwas verwandte Weise. Eine gewisse Verständigung nahm schnell, vortastend, überhand zwischen ihnen. Das Gelände war offen, buschig, ohne diesen ständigen Gewächshausdunst wie drinnen. Jetzt konnte man vergleichen. Und es soll dann der erste, ihnen gemeinsame Satz spontan entstanden sein, eine Komparativform: »Es ist eigentlich etwas angenehmer hier«.

Doch bei dem ersten Lagerfeuer, nach dem ersten Tagesmarsch, war die Stimmung eher mies. Viele hatten sich Blasen geholt, und dann kamen die ersten Fragen, und Vorder- und Hinterfragen. Alle übten intensiv die Interrogativsätze als nächstes Kapitel nach der Komparation. Die Männer, scheu als Schein-Null-Anfänger in Sprachkursen, übten und sprachen nach. Sie lernten fragen. Das bloße Benennen der Tiere und Dinge, ein Geschenk Gottes an den Mann, lag weit hinter ihnen jetzt.

Wisst ihr was? sagte eine erste Stimme aus dem zweiten Kreis (Mann oder Frau, in der Dunkelheit schwer zu unterscheiden und die Adame hatten ihren Apfel noch nicht vollständig). Ich habe — ich kann's nicht glauben — im Gras am Wege eine — Schlange gesehen. Genauso eine wie unsere in unseren Paradiesen (Sie hatten nämlich von Anfang an in den Gesprächen — gestensprachlich-esperantisch — unterwegs festgestellt, dass in allen ihren früheren Lebenswelten »man« eine Schlange auf die Frau angesetzt hatte)!

»Ich auch«, sagte eine zweite Stimme.

»Ich auch«, eine dritte, und fügte hinzu. »Leider« (dies übrigens ein neues Wort, das alle sofort verstanden).

»Kann das überhaupt sein?«, fragte die erste Stimme weiter. Die (mit »die« meinte sie die Elohim, ein Gottesname, der ursprünglich eine Pluralform war), die haben jeder von uns Evas doch versichert, in dem einen Paradies von der einen Schlange ein für allemal versucht und verdorben worden zu sein. Müssen wir erneut versucht werden? Obgleich schon verdorben? Das macht doch keinen Sinn (Das Wort »Sinn« trat heraus, und für dieses erste Mal in der Negativform).

»Ich glaube leider schon«, antwortete ihr eine weitere Stimme aus dem ersten Kreis, durch die Nähe zur Flamme sichtbarer als adamisch einzuordnen, »ich habe vor der Mitversuchung noch, aus Versehen und Lust, nachts einem Gespräch zwischen zwei Grenzschutz-Cherubim zugehört. »Weißt du was, Michael«, sagte der eine, »alles gut besehen, draußen und hier drinnen, das ist ziemlich gleich«. Sie scherzten weiter in einer Fremdsprache. Der vorgesetzte Cherub hatte Bildung. *La petite différence. Le péché originel.* Also Schlangen würde es geben. Damit würde man leben müssen. »Und schlimmer, kaum welche, die reden«, mischte sich eine Stimme aus dem zweiten Kreis ein. »Die würden nur zischen und klappern und geifern«. Keine einzige vorwitzige Schlange! Daraufhin legten sich alle schlafen, nur die Glut glühte weiter. Zog die Tiere an und hielt sie fern.

Am nächsten Morgen fiel einer Eva ein und sie sprach es gleich aus: »Mich stört, dass die Tiere diesseits so durcheinander sind. Wo alles jenseits so geordnet war, hier die mit Federn, dort die ohne: *jeder nach seiner Weise* (das bekannte Distributivum von Luther vorwegnehmend). Hier scheint es, dass alle allen auf die Pelle rücken wollen. Wo sie doch gar keine Ursünde begangen haben. Ich werde nicht klug daraus. Hätte ich nur den Baum bei mir, um eine volle Dosis Klugheit nachgereicht zu bekommen«.

Unterdessen hatte der Zug das Durchgangslager erreicht. Engel im Außendienst teilten sie ein. Hier die Männer, da die Frauen. Kinder gab es noch nicht (obgleich einige sichtlich unterwegs waren), und alte Menschen aus verständlichen Gründen erst recht nicht. Männer wie Frauen mussten sich hintereinander anstellen. Und damit entstand auch die erste Metapher in den Köpfen, wobei die Frauen schon weiter waren, denn ihre ganze Schlange kicherte und schüttelte sich, als der Witz durchgegeben wurde: »Wir sind die klügere Schlange«.

Die Frauen wurden in eine Art Zeltlager eingewiesen: Sie durften sich dort einrichten, wie sie wollten. Für die Männer waren dagegen mehrere Blockhäuser errichtet worden. Die durften sie beziehen. In einem größeren Blockhaus fanden sich alle schnell wieder ein, nachdem sie die Schlafstellen inspiziert hatten: Das hieß »Die Beiz« und es war dort Gegorenes zu haben. Gegen gar nichts: ein bisschen Scham, ein bisschen Wut auf die Frauen. Ein Mittel der Engel, den ganzen Trupp unter Kontrolle zu halten.

Als alles Gegorene ausgetrunken war, erfuhren sie bald, wo es lang ging. Die Stunde der Ausnüchterung hatte geschlagen. In der Form eines Appells auf dem Vorplatz vor der Beiz.

»Wer ist hier seiner Frau nachgezogen«, hieß es? »Vortreten!« (das in einer merkwürdigen Mischung aus Gottes früherer Privat-Sprache und männlich-weiblicher neuer Gemeinsprache)

Ein Adam trat an die Front, schlurfend, dann würdig-langsam, die letzten Schritte verschämt. Einer noch, freier im Gang; ein dritter, fast dreist. Aber dann hatte sich das. Die anderen übten stillen Schulterschluss, wollten keinen Grund geben zur Beschuldigung von »Frauennähe«.

»Ihr werdet getrennt behandelt«, hieß es weiter. »Ihr werdet dem »Außenkommando Sehnsucht« zugeordnet. Die anderen jetzt müssen alle wieder rein in die Beiz. Ihr bekommt ab sofort Umerziehungsunterricht (von den Betroffenen umgetauft auf »Anti-Sat-Unterricht«, ein Ausdruck, bei dem »Satan« und »satt« anklangen). Wer gut lernt, bekommt Nachschlag von dem Grunddeputat an Gegorenem. »Fragen?« fragte der Obercherub. Keine, oder doch eine: »Wann bekommen wir unsre Frauen wieder«, wollte einer wissen. »Zunächst gar nicht. Ihr müsst sie a bisserl entbehren lernen. Eine Frage von Tagen. Dass ihr lernt, was ihr von ihnen zu halten habt«.

LEBUDA, KELIMAT UND
DIE ZWILLINGSPAARE

ZAHME ADAME

Dazu kam es auch. Es gab jeden Tag fünf so genannte »Stunden der Klarheit« über das einzige Thema »Frau und Übel. Frau von Übel«. Und ebenso viele Stunden Wiedergabe-Übungen. Man fand sich bestätigt, bestärkt, erleichtert und fast berufen (fragt mich nicht, wozu).

Die Frauen dagegen erhielten in diesen Tagen keinen Umerziehungskurs: An ihnen sei Malz und Hopfen verloren, lautete die offizielle, poetische Begründung. Konnten sich sowieso nichts merken und drehten alles gleich ins Gegenteil. Und dann diese spirituellen Vorbehalte. Die Frauen organisierten aber spontan Arbeitskreise: »durchhecheln«, »dummstellen«, »zwischen-den-Sätzen-Hören« und dergleichen.

Einer von diesen zahmen Adamen ist später, zusammen mit seiner Eva, zur Hauptfigur erkoren worden in dem — in Aramäisch geschriebenen und zu den Apokryphen gezählten — Buch Ephraim. Dies soll nach einem Auslosen erfolgt sein. Denn von den vielen zahmen Paaren durfte ja nur eins vorspielen. Allen wurde in Aussicht gestellt, später in einer halb Heiligen Schrift als Star aufzutreten.

Die Rolle war denkbar einfach, dachte man. Das Erste Paar bekommt, wie die anderen auch — erfuhr man später — eine Parzelle nah an der Grenze zum Paradies. Wie später die römischen Kolonien am Limes: nur hier auf der falschen, der Barbarenseite. Der Leser, bass erstaunt, liest belustigt weiter, wie es im Buch Ephraim, aber auch topographisch aussieht. Beide, Paradies und Nichtparadies stoßen nämlich geradezu aneinander. Nur ein leichter Höhenunterschied gibt den Ausschlag. Ephraim schätzt ihn auf dreißig Ellen, allerdings, wie er sagt, »nach dem Maße des Geistes«. Und er schildert uns das Alltagsleben des vorspielenden Paares dort, ein Zaunkönigspaar fast.

Das Leben ist zugegeben gemütlich. Gott gibt sich von seiner besten Seite. Nun ja, er spricht zwar überhaupt nicht mehr mit Eva, und hat Adam zum Kapo eingesetzt. Aber alles nur förmlich. Sie habe sich in »das Joch der Untertänigkeit gegeben«, Adam also sei gewissermaßen zum Strafvollstrecker ernannt. Ihm aber hat Gott auch gesagt: »Um deinetwillen verfluche ich die Erde, doch dich befreie ich von dem Fluch«. Adam turnt also leichten Fußes durch die Gegend. Kain (chronologisch nicht ganz schlüssig) verbannt in die Ebenen dort, wo er den Bruder erschlagen hat. Mit Eva zeugt Adam noch einen Sohn, den Seth, und dieser den Enos, und so weiter. Alles Musterkinder. Ihrer aller Leben verläuft friedlich, Adam muss gar nicht Kapo sein oder spielen. Sie gehen nach dem Mittagsschlaf im Familienkreis oft gern die Grenzen des Paradieses besichtigen, lauschen über den Zaun dem Gesang der Engel und antworten ihnen singend. Alternierende Lieder, *kant hag diskant*, wie die alten Bretonen sagen. Zwischen den Grenzgängen werden sie versorgt, auf Befehl von drüben. »Keine Arbeit und keine Sorge, mussten weder säen noch ernten«. Und essen »die lieblichen Früchte der wundersamen Bäume«, denn Gott hat für diesseitige Plantagen gesorgt, ausgenommen Apfelbäume, versteht sich. Und die Frauen sind »alle ehrbar« durch die Bank, die Söhne keine Neidhammel, die Mädels keine Anmacherinnen. *Summa summarum*, »ihre Tage vergingen in unendlichem Glück«.

Aber die Sachen passieren doch nicht so leicht wie erwartet. Zwar wurde die Nähe zum Paradies erträglich gemacht: Man ging bis zum Grenzverhau »So müsste man leben«, dachte man, seufzte leicht und lächelte weg. Doch die Kinder, stellt man fest, sind ein Kreuz, ein Hemmschuh und ein Fallstrick. Das mit den »Musterkindern« vorher stimmt doch nur ab Kind Nummer fünf! Eva hat nämlich nach den entsprechenden »Erkenntnissen« zwei Zwillingspaare auf die Welt gebracht. Jeweils einen Jungen und ein Mädchen. Die Jungen kennen wir von Moses: Kain und Abel; die Mädchen dagegen sind Debütantinnen und sie heißen bei Ephraim Lebuda und Kelimat. Eva sagt zu den vieren, als sie in dem entsprechenden Alter sind: Geht zusammen in die Höhlenkapelle, kommt fein wieder raus und dann erst paart euch, aber bittschön kreuzweise. Mit Kain Kelimat; Lebuda mit Abel.

Kain findet aber seine Zwillingsschwester viel schöner und attraktiver. Handelt danach. Abel sauer, Gerangel, Feldstein in der Nähe von Kains Hand, Abel tot. Das Mordmotiv ist klar, doch Ephraim, der Syrer erinnert sich, dass es die andere Genesis gibt, die er gerade doubelt, also führt er den dort angegebenen Grund für den Mord auch an: Gott hätte das Opfer von Kain nicht annehmen wollen. Zwei Motive für einen Mord, das wäre jedem Polizeikommissar suspekt. Gott machte aber den Job damals ehrenamtlich; er ist also recht ratlos. Die Neugierde hatte Eva zu Fall gebracht, gut: Ein klarer Fall, Wissensdrang gegen Wissensmonopol. Aber jetzt — dass zu viel Schönheit tödliche Folgen hat, das hatte niemand vorgesehen. Und dass Schönheit überhaupt aufgekommen ist, wo er, auf sich bezogen, nur von Lob und Glanz und Dankbarkeit geträumt hatte! Gott hat doch alle Sicherheitsvorkehrungen getroffen und Sexualität zum Kult erhöht. Hat Adam und Eva auf einem Berg in Grenznähe angesiedelt (das Paradies bei Ephraim ist ein sehr schöner Berg, das Nicht-Paradies muss auch so etwas sein). Sie finden dort eine Höhle und »bargen sich darin«. Adam will da Eva erkennen, und Höhlen werden sich in späteren Zeiten dazu eignen, aber noch sind sie nicht so weit; statt so »aus dem Stand«, bitte Umstände! Wir haben vom Baum gegessen und wissen, wozu wir Lust haben, aber ebenso sehr, was sich gehört! Auf höheren Wunsch geht Adam wieder zu den Grenzen des Paradieses, holt sich Gold, Weihrauch und Myrrhe, kommt zurück, segnet die Höhle damit und schmückt sie zur Familienkapelle. Dann erst gehen die beiden wieder raus, verlassen den Höhlenberg und steigen hinab »bis zu seinen Grenzen«, und dort, das Paradies im Blick oder auch auf der anderen Seite, bei den Mühen der Ebenen (denn wessen Grenzen es sind, ist bei Ephraim nicht ganz klar), »erkennt Adam sein Weib Eva«.

Erleichterung. Das alles hilft aber nicht, und der Sohn Kain erkennt den heiligen Charakter von verordneter Liebe nicht. Er nimmt sich nach dem Mord die Witwe Lebuda (wie später König David, der Bethseba nimmt) und ist sehr glücklich. Das ist bei

Kelimat, versteht sich, nicht der Fall. Sie findet keinen »freien« Mann mehr, wie wir es heute von dem beliebten Spiel »Die Reise nach Jerusalem« kennen.

Große, stumme Geschicke wie die von Lebuda und Kelimat sind im weiteren aramäischen Text nicht erwünscht. Die beiden verschwinden in der Versenkung. Die nachfolgenden Mädchen werden kaum noch einzeln genannt und wenn, dann einfach nur so ein Name. Sie ließen angeblich nicht mehr von sich reden, wie Lebuda und Kelimat, aber redeten dafür munter weiter. Gleichaltrige untereinander und, jung und alt, eine mit der nächsten weiter. Adam, und nach ihm Seth und nach dem Enos, ließen manches im Dunkeln, gut, alle waren schon geübt im Vertuschen. Die Mädchen und die Weiber mussten das Feuer der Fragen allein pflegen, schüren und nachlegen: Was machte Kelimat, nachdem Kain sie abblitzen ließ? Bestand sie darauf, doch zu ihm zu gehen als »Nebenfrau«, wie solche in der Bibel oft genannt werden? Wo hat sie bitteschön gelebt? Doch nicht allein, das wäre zu grausam, bei all den lieblichen Früchten nebst aller Verwöhnung. Bei Vater und Mutter gehockt vielleicht? Das hat man zu späteren Zeiten auch gesehen, oft in viktorianischen Romanen.

Und Lebuda erst recht, fragten auch die ihr nachfolgenden Mädchen und künftigen Weiber. Wie war ihr dabei? Hat sie sich mit Kelimat gut verstehen können, früher? Hätte sie hinterher können, und wann? Ein Glück noch, dachten einige, dass es damals an diesem Menschheitsanfang noch nicht um Aussteuer ging und um zusammenzulegendes Vermögen. Ein Glück, wahrlich? fragten andere spöttisch-missgläubig zurück. Aber wartet, erinnerte sich eine noch

Gewieftere von Zeit zu Zeit, sie ist doch mit Kain in die Verbannung? Oder blieb sie zurück mit dem ersten Wurf in dem restlichen Stamm? Und dann Kelimat, ein Leichtes ihr, winkt sie müde und großzügig zu sich ins Einzelzelt herüber?

Gott kratzt sich heute noch am Hinterkopf und kann die Akte Lebuda versus Kelimat nicht schließen. Von Satan ist diese unterschiedliche Schönheit der Frauen sicher nicht. Also von mir? Ich hatte doch nur an die Gesamtschönheit der Schöpfung gedacht. Einige spätere Denker meinen, Gott hätte sich den ganzen Zirkus mit den Engeln und den Riesen, Sodom und Gomorrah nur deswegen ausgedacht, damit er das Problem der Schönheit von Körpern ganz von Neuem angehen könne. Aber die übertreiben sicher. Oder untertreiben. In der Spur bleiben ist nicht ihre Stärke.

Mehr Grenzen müssten sein, flüstert inzwischen der Widersacher seinem ehemaligen Vorgesetzten immer wieder ein, tiefere Gräben. Auch zwischen den Geschlechtern. Und den Garten Eden bitte substantiell aufschütten. Das »Maß des Geistes« von Ephraim sei total unzuverlässig. Bei so geringem Höhenunterschied zwischen Paradies und Nichtparadies lohnt es sich kaum noch, das Üble in Eden zu praktizieren und das Risiko des Rauswurfs einzugehen. Wo bleiben denn meine Zugänge? fragt Satan weiter. Oder du streichst mich ganz? Ich denke im Traum nicht dran, sagt Gott. Hab genug zu tun mit der Schönheit und *la petite différence*.

Sie sprechen ganz leise, allein die Mädchen hören alles mit. Sie lächeln.

SERENDIBISCHE
SCHÖNHEITEN

ADAM SUCHT EVA

*Unter der Bezeichnung »Qisas-al-Anbiya« wird eine
Reihe von Büchern in arabischer, persischer oder
türkischer Sprache verstanden, die von den vorisla-
mischen Propheten handeln. Das älteste wurde im
Jahre 902 geschrieben.*

Qisas-al-Anbiya, passim

Man sieht, aus so einem Stoff konnte für ein Buch keine ordentliche Story mehr werden. Eine Verbannung, die weder Besserung erheischt noch radikalere Malefikanten in die Hölle führen kann, das gab es doch nicht! Übrigens müsste »Höchste Macht« bald die offizielle Vorstellung von Hölle präzisieren. Worauf die Rat gebenden Engel dann befanden: »Höchste Macht« hätte sich schleunigst nach der zweiten Lösung umzusehen. Der härteren. Sie selber hatten in ihrem Flügelamt einen gewissen Ermessungsspielraum, so wurden auch von ihnen die Grenz- und Beinaheparadiese eins nach dem anderen geschlossen und die Insassen ins Landesinnere verschickt. Man ließ also jetzt die drei bekennenden »Nachzügler« holen, zusammen mit den »Gegenständen ihrer Liebe«. Man hatte gefürchtet, ohne Standesamt, wie man war, dass die Männer das ausnutzen, um sich in letzter Minute ein fremdes Weib zu holen. Aber nichts Derartiges trat ein — oder in spontanem Einverständnis dann. Sie schmachteten sowieso seit längerer Zeit in Untersuchungshaft und waren sehr froh, dass man sie sich vornahm. Einer schloss sogar daraus, und unterrichtete die anderen, dass die Variante A, die der vielen zurückgebliebenen Männer, gescheitert sei.

Das Alternativszenarium sah vor, dass die drei Männer durch Wundertat in großer geographischer Entfernung ihrer Frauen ausgesetzt werden und dass sie einzig Kraft dieses neuen komischen Gefühls, der sogenannten Liebe, zwischen Isch und Ischa, Brustkasten und Rippe, Mann und Frau, zu ihnen zurückfinden, beziehungsweise beide Parteien zueinander. Uns ist nur das Schicksal eines dieser drei Adame erhalten, und zwar in der islamischen Tradition. Man nahm eine Zeitlang an, dass die beiden anderen Paare nie wieder zueinander finden konnten.

Adam, so heißt es dort erst mündlich, dann schriftlich, wird ganz weit weg, nach der Insel Serendib geschickt, dem heutigen Sri Lanka. Und Eva darf sich solange im nördlichen Arabien herumtummeln. Sie suchen und suchen, die beiden, schmachten und schmachten: Man hat ihnen nur die grobe Himmelsrichtung angegeben, wo sie zu suchen hätten, mehr nicht. Adam versucht wohlweislich nach der anfänglichen Depression (»Ich schaff das nie«) Fuß zu fassen in der serendibischen Gesellschaft, die übrigens zu diesem Zeitpunkt nur aus entwickelten Tieren bestand, bevor er sich auf den Weg macht. Das dauert Jahrzehnte und Jahrzehnte, es ist schwer, dort Anschluss zu finden, selbst bei Menschenaffen, auch ist es manchmal der falsche Anschluss und ihn halten gelegentlich serendibische Schönheiten auf, Sirenen, die sich am Ende als Dugongs — sprich Seekühe — erweisen, weg von seinem Ziel.

Aber am Ende ist er bereit für die große Reise. Er hat in Evas Abwesenheit kochen lernen müssen und geht großzügig und gekonnt mit Gewürzen und Kräutern um. Er nimmt Sämereien und Stecklinge von allen möglichen orientalischen Gewürzpflanzen mit sich. Die wird er nach Persien und Arabien bringen, ganz langsam, unterwegs sie wieder einsetzen und die Samen aussähen und warten, bis die Bäumchen wachsen und Früchte tragen. und dann zieht er weiter.

Kurz, hundert Jahre dauert das Ganze und so lang hat er sich nach der Liebe seines Lebens gesehnt. Und am Ende, Close-up, Cecil B. DeMille im Regiestuhl: Die beiden treffen sich wieder. Auf dem Berg Arafat, bei dem späteren Mekka, wodurch der Ort bis heute von den Nachfahren besonders heilig und verehrt ist. Er kommt aus der Ferne, eine großartige Staubwolke bei ihm, über ihm und hinter ihm. Man sieht die Wolke ganz klein zuerst, durch Evas Augen sozusagen. Adams Gesicht am Ende nach und nach. Ein Blockbuster in der Zukunft.

Wie Eva gesucht hat ihrerseits und ob (oder gewartet), wird nicht bezeugt. Der Koran kennt sie nicht einmal mit Namen; sie ist halt eine Frau. Ein hinreichendes Merkmal. Allerdings gibt es die mündliche Tradition im ganzen Orient: Die Hawa oder Chawach. Wie auch immer, genug Zeit hat jetzt der Adam, da er bekanntlich, am Ende mit neunhundertdreißig Jahren gestorben ist. Die Eva schenkt ihm zwanzig mal Zwillinge und er selbst ist am Ende Opa, Uropa und mehr, zu vierzigtausend Enkeln. Man sieht, das Ganze läuft Gefahr, als Hollywood-Historienschinken zu enden. Wäre nicht ein weiterer Fall da.

DIE LETZTE, DIE LEBENDE UND LEBENDIGE

DIE ZÄHE EVA

Und Gott der HERR trieb Adam aus dem Paradies ob seiner Sünde, und es begann das irdische Leben des Adam und der Eva.
　　　　　　　　　　Das Buch Adam und Eva

Denn von den verschollenen zwei anderen nachgezogenen Adamen ließ nach geraumer Zeit (eine Patriarchen-Halbwertzeit ungefähr) einer von sich hören. Das wird im Buch Adam und Eva referiert, das in verschiedenen Sprachen des Vorderen Orients erhalten wurde und das im christlichen Mittelalter sehr verbreitet war.

Dieser Text geht so: Das Paar wird überlieferungsüblich zwangsverschleppt. Dieser andere Adam kommt ins Kommando Sehnsucht. Er wird aber nicht dorthin geschickt, wo der Pfeffer wächst, wie in der islamischen Tradition. Die Prüfung von Mann und Frau geschieht in kleinerem Maßstab, aber in dieser anderer Weise nicht weniger hart.

Adam erlegt sich nämlich vierzig Tage Buße und Fasten auf, um Gott nach der Nasch-Katastrophe etwas weichzumachen. Vierzig eben, wie in allen Quarantänen seither, Jesus in der Wüste einbegriffen. Und lässt seine Eva mitbüßen und mitfasten, doch unterschiedlich lange (zum Zeichen, dass sie doch etwas geringer notiert ist als er, bekommt sie nur siebenunddreißig Tage aufgebrummt) und an unterschiedlichen Orten: Er stellt sich auf einen Stein mitten im Jordan und hat Wasser bis zum Hals und büßt und fastet seine Zeit; Eva wird ein Platz zugewiesen mitten im Tigris, einem erwiesenermaßen tieferen Strom im Zweistromland, der sich auch weniger eignet für eine spätere Medien-Action als der Jordan mit Johannes dem Täufer. Da soll sie also stehen, aber bitte sehr, dort, wo der Fluss am tiefsten ist. Sie könnte zwar fragen, auf was für einem Stein denn, aber schweigen soll sie auch vor allen Dingen.

Sehr ungemütlich das Ganze, und als nach nur vierzehn Tage der Teufel sich für einen himmlischen Boten ausgibt und vom Ufer ruft: Straf-Erlass, glaubt sie ihm und verlässt die Stelle im Tigris, ein menschlicher Eisblock noch, ganz froh. Damit ist sie, wie beim ersten Mal mit dem Apfel, zum zweiten Mal »gefallen«. Und die Folgen sind gleich da. Vor dem Gang zum Tigris hat sie doch bereitwillig Adam eingestanden: »Ich bin es doch, die dir Mühe und Not bereitet hat«. Aber jetzt tobt Eva vor Trauer, Wut und Schmerz, sie schreit den Teufel an, warum und so.

Der Teufel antwortet — ihr nicht, sondern Adam, denn »Gefallene« existieren erstmal nicht mehr —, es sei ihnen beiden recht geschehen. Und Adam verbüßt die restlichen vierzig weniger vierzehn Tage im Jordan. Als er raus ist, ziemlich mitgenommen, sagt Eva zu ihm: »Bleibe doch am Leben, mein Herr. Denn du hast weder den ersten noch den zweiten Fall getan.

Meine Schuld ist alles«. Macht alles nichts. Es lebt sich flott weiter. Adam ist letztlich nahe an die fast tausend Lebensjahre — im Sterben und in Schmerzen. Eva ruft zu Gott: »Ach Gott, mein HERR, so hilf ihm doch und übertrage seine Schmerzen auf mich. Denn ich war es doch, die gesündigt hat.« Sie nimmt und nimmt auf sich, die Arme, dass es einen beim Zuhören schmerzt. So will sie der Herr Ephraim auch haben. Gib's ihr! Aber nicht nur hilft es ihr in Nichts, sondern sie muss sich von einer (anderen oder der gleichen) Schlange belehren lassen, die ihren Sohn Seth gebissen hat.

Gleich nach dem Biss, hat sie gedacht, oh weh mir, man wird mich am Tag der Auferstehung noch verfluchen und sagen: Es war Eva, die die Gebote des HERRN missachtet hat. Aber der Schlange ist das nicht genug. Sie macht sie für viel mehr als die ollen Schmerzen des tausendjährigen Adam schuldig: »Wer war es denn, wenn nicht du, welche der Menschen Herrschaft über die Tiere zerstört hat? (...) Deine Sünde war es, die die Schöpfung verwandelt hat«.

Das ist doch ein starkes Stück und der Tropfen zuviel, muss Eva da gedacht haben. Ich kann mich immer auch so ganz schlecht machen, wie ich will, und katzbuckeln und liebedienern, die kriegen nie genug. Ganz am Boden bin ich aber nicht. Man wird es sehen. Auf leisen Sohlen dann alles andere.

Denn, Adam hat nur noch wenige Stunden zu leben und er erbittet sich von ihr: »Nach meinem Tod sollst du deine Vergehen meinen Söhnen bekennen«. Tut sie auch, die Schlitzohrige, aber nur so mehr oder weniger. Und unterwandert so sogar richtig die Sprache des schrägen Kirchenvaters Ephraim und er merkt überhaupt nicht, was unter der eigenen Feder da im Satz passiert.

Sie lässt nämlich alle ihre Söhne — und die Töchter, den Seth mitsamt seinen dreißig Brüdern und dreißig Schwestern zu sich kommen, was gar nicht so bedacht worden war. Und sagt. »Hört mich an, ihr Kinder, ich will euch verkünden: da ich und euer Vater Gottes Gebot missachteten, sprach Michael der Erzengel zu uns. Um eurer Sünden willen wird Gott der HERR über eure Nachkommen sein Zorngericht bringen.« »Ich und euer Vater«, «zu uns«, «eure Sünden«, sagt sie. Sie lässt Adam mithangen. Und dann bittet sie alle, Söhne und Töchter schön miteinander: »Macht euch Tafeln aus Stein und Lehm und schreibt darauf die Geschichte des Lebens eurer Eltern«. Ihr seht, Leser: Mann und Frau zusammen, wenn es zum Tragen kommt. Bei den Kindern: Söhne und Töchter zusammen; und bei den Eltern, Vater und Mutter zusammen. Sie will die Zeche nicht allein zahlen. Und erfindet die Kollektivverantwortung. Dem Autor untergejubelt.

Aber nach ihrem Tod will der Erzengel Michael ihnen allen noch quer kommen und sagt schon am vierten Tag den trauernden Kindern. »Mehr als sechs Tage dürft ihr nicht trauern, am siebten Tag, dem Tag des Herrn, ist Ruhe«. Eine Tochter tritt aber da vielleicht hervor und hätte ihm antworten können. Geschätzter Erzengel! Um Adam haben wir sechs Tage getrauert, Eva bekommt soviel, Punkt. Komm dann wieder vorbei, wenn es soweit ist. Die neunundzwanzig Anderen sehen sich an im Halbkreis und schmunzeln. Die Söhne merken sich alles, denken sich vielleicht ihrs, aber parieren.

Die Tafeln aus Stein, die Tafeln aus Lehm wird

jemand eines Tages ausgraben. Die Konflikte im Vorderen Orient helfen diesem oder dieser dabei. Zerstören zwar Museen, aber legen mächtig viele neue Bodenschichten frei. Troja ist nicht weit von Babylon entfernt. Aus Gottes- und Teufelssicht.

So viele Adame. So viele Evas. So viele wie Paradiese. Und Sorten Liebe. Das heißt, anders besehen: Elohim. In der ursprünglichen Pluralbedeutung. Plurale Tantum. Und die letzte Eva, die schlau gewordene, die zähe; wir machen es wie Gott es oft tut, nennen sie jetzt und in ferneren Auftritten Hawa, die Lebende und Lebendige.

VORSINTFLUTLICHE DIALOGE

ABENDPLAUSCH MIT LILITH

Es werden Wildkatzen auf Schakale treffen, ein ziegenbehaarter Dämon wird seine Gefährten rufen und dort wird auch die Lilith verweilen und ihre Behausung finden.

Jesaja 34,14

Oft wird der Erzähler gefragt: Wie hat denn Hawa das alles durchhalten können, die hundert Jahre Warten und Schmachten (in der einen Variante), oder eine ungewisse Paares-Zukunft mit acht- oder neunhundertjähriger Erniedrigung und Abstumpfung beim Großziehen von vierzig Kindern (in der anderen Variante). Der Mann hält es mühelos aus als Patriarch, hält sich für einen Mammutbaum; die Frau aber hat es nicht so leicht: Ästeschüttlerin im besten Fall in der kaukasischen Esskastanienzeit, im schlimmsten Fall Bruchholzsammlerin. Hochwald er, Unterholz sie.

Da kommt aber die Lilith daher (eine, die in der Genesis ausgespart wurde, später nur einmal bei Jesaja erwähnt, dafür im Talmud, besonders seit der Abhandlung über die linken Emanationen des spanischen Rabbi Isaak ben Jakob ha-Kohen aus dem Jahr 1265 sehr präsent), und steht Hawa bei. Man hätte sie sowieso früher oder später in die Geschichte einführen müssen. Ist das der angebrachte Augenblick, fragen Männer, verängstigt beim bloßen Hören des Namens. Wir überhören das. Wohlan denn, die Lilith hat die Hawa beraten. Diese langweilt sich nämlich. Die Große Schule der Liebe ist noch nicht eröffnet. Heranbildung durch die Engel nicht zu erwarten, außer der platonischen Form, oder der sokratischen bei den Gefallenen. Was Gott angeht, ist er erklärter Single. Das hilft alles Hawa nicht weiter. Wie gut, dass Lilith da Rat weiß.

Das kommt daher, sie ist durch die Strafe gewitzigt worden. Eine wurde bekanntlich von Gott über sie verhängt, weil sie, nicht gegen IHN, sondern gegen ihren Mann rebelliert hat. Und Adam hat sie höheren Orts verklagt. Ihr Vergehen: sie hat beim Liebesakt — in Einzelfällen oder überhaupt, die Theologen schwanken da — nicht unten liegen wollen. Adam hat bei seiner Beschwerde ein handfestes Argument, sie sei so frech und wolle das Verb »erkennen« aktiv konjugieren: Nicht nur »ich werde von dem erkannt, sondern ich erkenne ihn«. Gott war nicht ganz überzeugt, dass da Heimtücke vorhanden sei und hat die vorgesehene Höchststrafe: lebenslänglich Hölle, gemildert, indem sie täglich für zwei Stunden freien Ausgang hat auf Erden, vor und nach der Abenddämmerung (wie am Morgen in der jüdischen Tradition bestimmt dadurch, dass man die Farben Blau und Grün nicht mehr auseinanderhalten kann).

Sie darf besuchen, wen sie will von den Menschen neuen Typs, die sich reproduzieren, und wo die Frau aus der Rippe des Mannes stammt. Sie darf die Besuchten reizen und teilweise verführen, die Pfade zum Bösen andeuten. Einziges Verbot, sie darf den konkreten Grund ihrer Bestrafung nie verraten. Da pirscht sich seitdem die Lilith vornehmlich, bis in unsre Tage hinein, an Männer (jüngeren Alters) und Kinder (vornehmlich männlichen Geschlechts) heran. Die ersteren macht sie verrückt in dieser abendlichen Zeit der Schwäche, wo man nach der französischen Folklore *le rayon vert*, den »grünen Strahl« erblickt. Überlässt sie dann ihren Erregungen und Ergüssen. Die Kinder macht sie nicht krank und bringt sie nicht um, wie einige Rabbiner sagen und wie das Volk glaubt, sie macht Jungs unsicher und gibt Jungs und Mädchen die Lust zu Lausbubenstreichen: Max, Moritz und die Rote Zora. Das bringt ihr Spaß, ist aber nicht lebensfüllend. So hat sie sich sehr früh der Hawa angenommen und sie hilft ihr.

Sie hilft ihr speziell in dem Punkt, wie sie sich zu Adam verhalten soll. »Du musst ihn so verführen, Tochter (manchmal ist sie ihr auch eine »Schwester«), dass er nicht mehr weiß, wo oben und unten ist. Das war mein Fehler damals. Du musst ihn irritieren. Weißt du noch, Adam, wie die Tiere es gemacht haben, damals im Paradies, ohne von dem Baum zu essen. Oben und unten, das ist schon zuviel Bildung, das ist schon Erkenntnis.

»Was du alles weißt, Lilith«, sagt Hawa verblüfft. »Bei dem einen Mann nur und für so kurze Zeit!«
»Tja, ich bin halt nicht aus seiner Rippe, das macht viel aus. Ich bin Jahwistin, ich bin die Ischa, Hawa, das erkläre ich dir ein anderes Mal. Wir hatten kein Apfelverbot, konnten beide Gut und Böse unterscheiden, beide gleich, gleich langsam, gleich beschwerlich. Stell dir vor, und nun verklagt mich

dieser Schlapphans wegen ein bisschen Oben-liegen-wollen. Und Gott erweist sich als das, was er ist: Ein Kumpel für Kumpels. Und die Strafmilderung, nur, weil er verunsichert war bei meinem Fall, und er selbst wusste nicht, ob sein Plan stimmt«.

»Aber«, sagt Hawa, »das dreht sich nicht nur ums Bett. Ich möchte ihn auch sonst um den Finger wikkeln. Dass er aus meiner Hand isst zum Beispiel, das hab ich neulich geträumt«. Lilith sagt ihr dann, wo es lang geht; sie interpretiert mühelos Frauenträume. Hawa freut sich.

Oft lassen beide den armen Adam in Ruhe und Lilith bringt frohe Mär, vielleicht auch etwas zurechtgeschustert: zum Beispiel sagt sie: »Wir bekommen internationale Verstärkung, Hawa. Die beiden Vereine, »Frauen-von-Göttern« und »Gottfrauen« haben sich gegen die eine Zumutung »One God« zusammengeschlossen, und wollen gegen die andere Zumutung, »Single God« vorgehen. Wieso kann ein Gott, der auf sich hält, Junggeselle bleiben, Hagestolz? Die ganze Zunft leidet darunter«.

Oft schaut Lilith nur so bei Hawa vorbei und geht dann zu den Männern, um sie in ihren Träumen heimzusuchen. Manchmal wird die Zeit auch knapp, und sie haben über den Reden das Abendessen vergessen, und schon fliegt der Schließengel mit der Bimmelglocke vorbei und Lilith dreht noch schnell eine Anmach-Runde unter Männern. Aber es kann noch schlimmer kommen: Die Frauen kommen vom Hundertsten ins Tausendste und Millionste, sind in Äonen und vergessen den Rechenpfennig Mann ganz.

Dann muss Lilith, ohne Zwischenlandung im Männerreich direkt in die Hölle zurück; sonst droht eine Ausgehsperre am nächsten Tag. Dann haben die Männer ihre Ruhe eine lange Nacht hindurch, ohne Alb und Erguss. Und die Jungen träumen in selbiger Nacht nicht davon, Männer zu werden. Und alle Männchen, jung und alt, vergessen am nächsten Morgen, Gott dafür zu danken, dass er einen nicht zur Frau gemacht hat.

Bisweilen fragt Lilith Hawa, wie denn ihr Adam seine Zeit totschlägt. Obgleich sie weiß, dass die Antwort immer dieselbe bleibt. Ach weißt du, der alte Trott eben. Abends, wenn er von der Kneipe zurückkommt, wo er den ersten Teil des Abends (Liliths Zeit eigentlich) verbringt, muss ich ihm den Schweiß vom Angesicht waschen. Er erzählt, wie er über sein Soll hinaus im Garten wieder einige junge Obstbäume gepflanzt hat. In der Hoffnung, dass einmal irgendeiner trägt, die Früchte des Wissens. Er glaubt, wenn ihm das gelingt, kann der Rausschmiss rückgängig gemacht werden. Aber er ist ein Gartenzwerg der Alchemie. Die Formel findet er nie. Die gibt es nicht. Das war alles ein Bild mit dem Baum und dem Biss. Er aber ist ein Vordergründiger. Ein Bild war das alles, und das Wichtige ist doch vor dem Biss geschehen. Hawa, von Chewa (»Schlange« im Aramäischen, ach die witzige Klangnähe) angesprochen, bekommt nicht nur Lust auf das Lustige des Wissens, sondern auch Lust auf das Lustige, Schöne, Liebliche. »Und das Weib schauet an, dass von dem Baum gut zu essen wäre, und lieblich anzusehen.«

Lilith genießt es, in der Dämmerung bei Hawa aufzukreuzen. Das war auch die Lieblingszeit von Gott dem Single, für seinen täglichen Spaziergang durch den Garten Eden. «Da der Tag kühl geworden war», wie es in der Genesis heißt. Den damit verbundenen Abendnebel nimmt sie mit all ihren Poren auf.

»Ein Nebel ging auf von der Erde und feuchtete alles Land«. Wem ich will, feuchte ich das Leben! denkt Lilith bei sich. Es ist nicht weiter verwunderlich, dass einige Völker der Antike aus ihr für ihr Pantheon eine Göttin des Nebels gemacht haben.

»Spricht er überhaupt mit dir vorm Zubett gehen«? »Meistens nicht; er murmelt vor sich hin, Sachen wie Gott an sich und so. Langweilig. Ich nenne das, Lilith, »Die Erschlaffung der Welt«, und das ist hiermit mein erster Witz«. Lilith gratuliert dazu. Gibt auch einen Witz zum Besten. Erzählt Hawa im voraus die Geschichte von Robinson (ein ziemlicher Noah, übrigens) und seinem Freund Freitag. »Du bist ihm seine Freitägin«, sagt sie. Beide lachen herzlich. Die Zelle in der Hölle erscheint ihr später in solchen Nächten dann recht freundlich.

»Und ist die Sprache bei ihm reicher geworden?«, fragt Lilith weiter.

„Das hält sich in Grenzen«, sagt Hawa immer wieder, ausweichend. Aber es gibt genug andere Berührungsflächen und Begegnungsebenen zwischen den beiden.

Zum Beispiel, Lilith hatte so kurz mit Adam leben dürfen, dass es dabei nicht zum Kinderkriegen hatte kommen können. Und später, als sie »straffällig« geworden war, hatte Gott ihren Schoss »verschlossen«, wie die biblische Sprachregelung sagt, und es war aus damit. Sie durfte Männer anmachen, so oft sie wollte, aber kurz vor dem Vollzug musste sie sich den letzten Zärtlichkeiten entziehen, zur eigenen Strafe — und zum wohlverdienten Abhärten der Männer. Um so mehr interessierte sie sich für Hawas Stand und wiederholte »Umstände«.

Sie war oft bei ihr; so oft, dass man annehmen

kann, sie besuchte in der Zeit keine der anderen Hawas aus den anderen Parallel-Paradiesen. Ihr war es um diese eine Hawa zu tun; sie selber gab es ja auch nur einmal, und an diese Einmaligkeit hielt sie sich. Und langweilig wäre es auch gewesen, denn bei allen diesen anderen Paradiesen war Gott nach der Rippe-Methode verfahren und das Resultat konnte nicht viel anders aussehen als bei den beiden da. Eine gesehen, alle gesehen. Immer aus dem einen Teil des Mannes, die Frau. Gott hatte zwar versucht, zu variieren. Aber der Versuch mit dem Unterkiefer statt der Rippe hatte die Kommunikationsfähigkeit von Adam II substantiell reduziert, und das sah das Szenarium nicht vor: so wurde er gelöscht. Ein Schulterblatt funktionierte schon eher, aber die Rückenansicht war damit nicht das Tollste und Gott hielt an einer Mindestästhetik fest; Knorpel waren kein genügend edler Stoff, und Fingerknöchelchen ein zu geringer Einsatz ohne Nähe zu symbolisch wichtigen Organen wie Herz und Lunge. Es wären dabei womöglich weibliche Kümmerlinge entstanden, und so empfahl die Kommission der Cherubim eine Minimierung der Risiken. Dieses eine Paar also, und kein anderes.

Lilith durfte nicht nur Männer und Jungen verfolgen, sie interessierte sich auch für Hawas Mutterschaft. Also Kain und Abel, wie sie klein waren, größer, und groß, und aus dem Haus. Und, was oft verschwiegen wird, neben ihnen ihre Zwillingsschwestern Lebuda und Kelimet. Und dass es da bei den Kindern schon so anders tickte, und funkte, kam ihr sehr fremd und interessant vor. Sie fiel aber aus allen Himmeln, als klar wurde, dass Kain sich nicht mit der halbfremden Schwester über Kreuz vermählen wollte. Es war also doch viel komplizierter, als sie das am Anfang gedacht hatte, das Kinderkriegen, eine richtige Fortsetzungsgeschichte mit oft offenem Ende. Geriet nicht selten aus dem Ruder. Und ganz ohne Schlange. Und vertreiben konnte man sich sehr wohl auch untereinander. Unverständlich und langsam, manchmal auch langweilig, vor allem, als die Reihe an die Enkel kam und sie dasselbe Theater nochmals aufzogen. Auch wurde Hawa, gewitzigt durch die Besuche, im Laufe der Zeit viel selbstständiger. Und als die vierzig Kinder durch waren, nahmen sie und Lilith Abschied von einander. Ist eine gute Zeit gewesen, Hawa. Ja, all die Abende, antwortete Hawa. Schön.

Gäbe es einen Über-Erzähler, er würde hier sagen: Soweit das Subjektive, Intersubjektive sogar, Lilith plus-minus Hawa. Objektiv sieht das etwas anders aus, rundet aber schließlich das Bild ab. Lilith verschwindet nämlich, so wie sie erscheint, *entre chien et loup*, zwischen Grün und Blau, dem Talmud gerecht. Ihre Anfänge waren fließend. Wie ein Fotonegativ nach dem Entwickeln, in Gottes Säurebad. Alles war ein großes Labor und Gott sah, dass es gut war. Eine sehr allmähliche Geburt. Aktenkundig wird sie erst später, bei der Einstweiligen Verfügung gegen sie — auf Wunsch Adams. Wann sie einfach nicht mehr vorbeikommt bei Hawa ist genauso ungewiss wie ihre Anfänge, und man möchte da auch gern die Mehrzahl benutzen. Ihre Enden. Gewiss ist nur, dass zwei Gruppen sie heute am Leben halten: Rabbiner und Feministinnen. Etwas künstlich, als Vogelscheuche, die ersten, als Heiligenbild die anderen. Aber sie selbst, wohin ging sie?

Es rieselt draußen, Staub der Jahre, Sand der Jahrzehnte. Wind kommt auf, der die Wolken vertreibt, ein Wüstengewitter, dass man sich wünschte in der warmen Dunkelheit des Zelts. Rummelgrummel. Das könnte auch das weibliche Personal sein, das sich hinter der Dornen-und-Distelkulisse froh lärmend anschickt, natürlich-trübe aufzutreten in den nächsten Episoden.

Dieser erste Teil wäre um das Haar einer Eselin nicht aufgenommen worden. Es geht nicht an, sagte ein ehrwürdiges Gremium, die Vaadat-ha-Kerubim, vulgo Kommission der Cheruben, seit Edens Ende mit Feuerschwert beauftragt, es geht nicht an, dass eine theologische Widerrede, diese Rückseite des göttlichen Teppichs eigentlich nur, gegen die ehrwürdige Ordnung verstößt und die Tradition vor den Kanon setzt, gewissermaßen die Finsternis vor das Licht und den Schatten vor den Körper. Denn Lilith wird in der Thora nicht erwähnt, sondern nur und erst im Talmud.

Wir plädierten für die These des bedauerlichen Einzelfalls und gelobten, dass sich die Angriffe in Zukunft strikt gegen bestehende heilige Textfragmente richten würden. Wo kämen wir sonst hin? sinnierte laut der Hauptcherub noch und unterzeichnete doch den Laufzettel. *Imprimantur haec verba haeretica ad majorem Dei gloriam confortandam.* Wir durften unsre ketzerische Rede drucken, zum größeren Ruhm Gottes. Gedruckt würden wir leichter vorgeknöpft und widerlegt werden. Wir ließen es darauf ankommen.

ZWISCHENSPIEL

DIE FOLGEFRAUEN

Die griechische Literatur kümmerte sich sehr um die Frauen; sie ehrte sie sogar. Schon Homer holte sich im Zehnten Buch der Odyssee berühmte Frauen und Göttinnen aus dem Schattenreich; Das war die Nekuia der Frauen. Und Hesiod verfasste sogar ein Werk eigens für sie: *Gynaikon Katalogos*, der Katalog der Frauen. Später, seit Ende des christlichen Mittelalters, wimmelte es von Abhandlungen vom Typ *De mulieribus claris*, von berühmten Frauen. Im Alten Testament, wie wir es durch Martin Luthers meisterhafte Feder kennen, kommen die Frauen aber beträchtlich zu kurz, sehen wir von Debora, Ruth, Esther, Judith und einigen anderen ab. In Ansätzen wollen wir das anders gewichten und rufen deshalb anderthalb Dutzend sogenannte Folge-Frauen von Hawa und Lilith heran. Als da sind, kapitelweise und ziemlich unchronologisch aufgereiht:
»Die Erfinderinnen«, wie Noahs Weib, Naama; oder auch Hannah, die das Stummreden erfand, die gerissenen Kebsweiber des Königs David, Seera die Städtebauende; oder die Verdachtschöpferin. Von den beklagenswerten Müttern wird an gleich zwei Beispielen erzählt: Rizpa, die Vogelscheucherin, sowie die Mutter des Großen Feldherrn Sessora.

»Die Geopferten« treten auch auf, und eine kleine Auswahl davon ist da: die Mechulah, Tochter des Jiftach; die Königin Bashti, Erstfrau des Königs der Könige; und das Minimalmonument für die Unbekannte Kebse im Buch der Richter, 19.

Von »Reinheitsgräueln« erzählt der dritte Pulk, beginnend mit der Tat des »Kleinen Herrn Pinehas«, fortgesetzt mit der »Moritat von Midian« und abschließend mit den Deportationen in »Fremde Weiber, fremde Zeiten« und »Die Ziklagerinnen«. Es kommt aber auch vor, dass Gott milder ist als seine Menschen, weiblich-milde, so in Ninive und gegen Jonas Meinung.

»Liebe stammelnd« weist auf die Existenz von Liebe-trotz-allem hin, an Beispielen wie »Leas Wochendienst«; »Da fiel sie vom Kamel« und »Weinen bis Bahurim«. Abigail und Arpa, »Die andre Schnur« werden auch mitgestreift.

Und dem mancherorts unentdeckt verbliebenen »Schrägen Psalter« der Frauen, insbesondere den Gegen-Fluchpsalmen, wird am Ende einiger Raum zugestanden.

WIE HIESS NOAHS WEIB GLEICH WIEDER?

ERFINDERINNEN

Da redete Gott mit Noah und sprach: Gehe aus dem Kasten, du und dein Weib, deine Söhne und deiner Söhne Weiber mit dir.

1. Mose 8

Es trägt keinen Namen und das ist doch die Höhe. Weil: Noah, dessen Weib, die drei Söhne nebst Weibern, das ist doch ein totaler Neuanfang für Gott, so viel wie sein Genesis-Plan B. Und vom Plan A weiß man doch, dass die Frau mitgemischt hat, bekanntlich und angeblich fatalerweise, und sehr wohl beim Namen genannt wird. Wie ist das nur möglich? Das haben andere auch vermisst. Denn, selten findet man in anderen Versionen der Bibel als der kanonischen, im Talmud, in dem Buch der Jubiläen mehr verschiedene Namen erwähnt als für Noahs Frau. Alle wollen sie zu sich rufen. Sie heißt dann je nachdem: Naamah, Emzara, aber auch Haykel oder Barthenos, Waila, Nureita, Norea oder Tytea. Es reicht für eine Frau, von der man nichts weiß, außer, dass sie Kinder auf die Welt bringt, stumm wie das Grab. Aber warum bloß? Die Frau hat keine größere Sünde begangen, auch begehen können, nach Eva. Nichts im Großen oder Kleinen falsch gemacht. Nichts für sich auch nur getan, dass der Erwähnung wert wäre. Es sei denn, dass ...

Ich war in Istanbul, saß in einer *pastahane* in der Istiklal-Straße und genoss ein *Aşure*, so fein und anders, dass man sich irgendwo zwischen Himmel und Erde gefühlt hat — die dritte Dimension der Desserts.[1] Als der *garson*, der Kellner, den leeren Teller abtrug, tauschten wir zweieinhalb Sätze. Einer von ihm war: «Hat Ihnen Noahs Picknick geschmeckt?«. Ich sah wohl verdutzt aus, aber er hatte keine Zeit, mir das im Näheren zu erklären, er musste anderswo abkassieren. Also düste ich zum Hotel und ging ins Internet.

Und las und las, seitenlang, mit vielen wunderbaren Fotos, über — »Noah's Pudding«! Da war doch was dran, an dem alten Noah, von dem die Bibel nicht berichtet. Denn sie sagt nur, dass Noah, als er gelandet war, sofort einen Altar baute (das wird bei seinen Nachkommen fast ein Tick sein; kaum sind sie an einem neuen Ort, da muss sofort ein neuer Altar her; wo unter solchen Umständen doch ein Wanderaltar sich sehr gelohnt hätte) und dort die ersten Brandopfer vollzog. Und jetzt dieses Picknick, wie eine deutschsprachige Site übersetzt! Und wie denn, wenn Noahs Frau dahintersteckte, mit ihren Schwiegertöchtern, ihren Schnüren, wie Luther so süß-archaisch schreibt? Das war eine Meditation wert.

Ich ging in mich hinein und fantasierte mit den acht Menschen, die eben die Arche verlassen hatten,

---

[1] Der/die geneigte Leser/Leserin merkt, ich schmuggle mich hinein und das ist ein misslicher Perspektivenbruch. Das mache ich so bald nicht wieder. So mir Gott helfe!

dem *fulk*, wie die Araber sagen. Noah heißt Noah, weil es ein Wortspiel gibt, denn nua'ch heißt »Ruhe«. Also der Ruhige, schon an Land, als erster natürlich. Und obgleich in späteren Zeiten der Kapitän als letzter seinen Nachen verließ, sitzt »Ruhe« breitbeinig da, die Söhne folgen ihm, sie stemmen gleich einen herumliegenden Stein hochkant und wollen opfern (denn an Opfern haben sie die letzten dreiunddreißig Tage doch nur gedacht: Was opfern wir, wenn dies ein Ende hat? Alles, sagen ein paar. Alles würde Gott suspekt erscheinen, erwidern andere). Und jetzt ist der Augenblick da.

Es dauert aber noch ein Weilchen. Denn theologische Fragen stellen sich. Im Kanon heißt es doch, dass Noah von allen Tieren, rein und unrein, jeweils ein Paar, Männchen und Weibchen nahm. Wie gehe man denn nun vor? Opfere man eines von den so genannten reinen Tieren (die hatten die ganze Zeit der hundertfünfzig Tage auf dem ersten Deck gelegen), so gehe eine Art unwiederbringlich verloren. Und opfere man ein unreines Tier, ist Gott böse, obgleich — das wäre eine schnelle Art, die Schöpfung zu bereinigen. Die vier Männer kratzen sich am Hinterkopf. Dann ruft aus einer von ihnen, der Kanaan, der Lustbold und spätere Kümmeltürke der Bibel: ich habe eine Idee; wir schreiben die Stelle um.

So sind in anderen Texten zwei Tiere der unreinen Sorten zwar transportiert worden, aber angeblich von den reinen gleich sieben Stück, zwecks späteren Opferns. Das braucht alles Zeit, palavern, rein und unrein auseinanderhalten, umdenken, umschreiben. Die Frauen, die noch an Deck sind, rufen herüber, Noahs Weib am schrillsten: »Na, wird's bald?«. Die Männer brüllen sie nieder das erste Mal, ein zweites noch, dann geben sie's auf. »Ja, ja«, seufzen sie, »kommt schon. Ihr kriegt gleich was ab von dem Brandopfer, wenn der göttliche Anteil zünftig verkohlt ist. Bestes Fleisch, garantiert«. Aber da müssen sie noch ein Feuer machen und sie streiten über die Methode: reiben oder schlagen.

Die Frauen werden noch unruhiger. Sie schreien nicht mehr. Sie warten nicht mehr, bis das Fleisch gar ist und Gott den »beruhigenden« (in einigen Versionen) »lieblichen« (in anderen) Geruch wohlwollend annimmt und anschließend das Versöhnungszeichen Regenbogen erfindet. Sie waten an Land (denn eine Anlegestelle für die Arche hat es nicht gegeben, erst später ist eine gebaut worden, als Monument), eine, die nächste, alle vier und tragen in irdenen Häfen Sachen auf dem Kopf. Sie nehmen sie runter und machen sich daran zu schaffen. »Was tut ihr da«? »Wir haben die essbaren Reste in der ganzen Arche, in Kabinen, Mannschaftsräumen, Tiergehegen, zusammengekratzt. Und wir machen was daraus«. Ein *türlü*, sagen die heutigen Türken, was ein ferner Verwandter des Leipziger Allerleis sein soll. »Falls das Fleisch noch ein bisschen auf sich warten lässt«, sagt eine Schwiegertochter, denn Noahs Weib ist zu aufgebracht, um sprechen zu können.

Sie mahlen dann, zwischen zwei Flachsteinen, die wie potentielle Klein-Altäre zur Verfügung stehen; mahlen und kochen über den ersten Flammen, und rühren. Trockenes nur, Feldfrüchte, Obst, Nüsse und Kichererbsen (keine Rosinen, Noah muss erst einmal Weinbauer werden), Aprikosen und Feigen, gekocht in Hafer und Gerste. Nach viel Zeit war die *Aşure* fertig, das Fleisch briet aber erst richtig los, und Gottes Nase wartete — und den Hunger mussten die

Männer mit diesem Mix stillen; und fanden es gut. Herrlich, sagte einer. Es gab Nachschlag. Und noch mehr »Hmmmh!« Die Idee dazu hatte Noahs Weib gehabt, die Schnelle, die Unruhige. Wie sie wirklich hieß, wissen wir nicht, aber wir können es uns denken. Zuzüglich der in den alten syrischen oder koptischen Texten schon erhaltenen Namen. Mir hat am besten das Türkische gefallen: es gibt dort drei Wörter für die Eigenschaft des Unruhigseins. Jedes anders klingend, aber für sich wohlklingend, nach dem Gesetz der Vokalharmonie im Türkischen: *rahatsizlik*; *huzusuzlu*, was schon sehr schön unruhig ist. Oder aber mein Trumpf: *gürültülülük*.

Aber dem Bedenken des Lektors eile ich zuvor und begnüge mich mit der trockenen deutschen Form der Unruhe, das heißt schlicht und einfach: »Unruh«. Noahs Weib muss Unruh geheißen haben. Und was eines Weibs Name ist, bestimmen wir. Wir erhalten darüber hinaus von einem Sonntagstheologen Rückendeckung. Er sagt: es trifft sich sehr gut und passt gut zusammen: Noah heißt Ruhe und seine Frau Unruh. Und erst beide zusammen machen ein richtiges Wesen, mit Bremse und Gaspedal. Und bei Platon gab es schon Entsprechendes mit den beiden Halbkugeln. So ein einfacher, naheliegender Name muss doch schon einmal erfunden worden sein, von anderen als von mir.

Spätere Theologen haben das aber sicher unterdrückt und wegzensiert. Denn die Unruhe, sowie die Ruhe, musste ein Privileg der Männerwelt sein. Es musste dann, wenn schon, eine Ahasverische Unruhe sein. Und wo hat man schon von einer ewig durch die ganze Welt getriebenen Frau gehört? Stillgestanden. Rührt euch. Ich verlange absolute Ruhe, man wähnte sich sonst in der reinsten Arche hier. Wir sind an Land, verdammt noch mal. Aber Frau Unruh hört einfach weg, Lichtjahre weg. Sie ist mit allen Wassern gewaschen. Hat sie doch in den hundertfünfzig Tagen so oft auf Deck gestanden, allein, wenn die sonstige Mann- und Frauenschaft unten döste und sich gegenseitig anödete. Hat alle Böen ausgestanden, und alle Sonnenaufgänge ausgekostet. Und lud neue Unruh auf. Und mischte dann unten alle mächtig auf. Nicht umsonst haben Autoren in ihr, dann Naama genannt, später eine kleine Lilith gesehen, die Mutter der Dämonen. Einige gemäßigte Autoren halten sie für die Verbreiterin der Schönheitskünste, Naama heißt ja »die Liebliche«. Also insofern eine Form indirekter Unruhestiftung. Naama heiße sie also uns.

Die Kinder haben ebenfalls für den Ruf der Mutter gesorgt und all die schönen Geschichten in die Welt gesetzt, die sie sich in der Arche ausgedacht hatte. Noah hätte sich ganz am Anfang mit der Arche allein absetzen wollen, man stelle sich vor. Das hätte sie nicht geduldet und daraufhin die Arche einfach in Brand gesetzt. So sieht es mindestens das Buch der Archonten. Dreimal sogar, nach einer anderen Quelle. Dann gibt Noah nach und lässt sie einsteigen. Stimmung auf dem Fahrzeug! Zusätzlich gedrückt von dem Sintfluttief.

Nach dem ersten gelungenen Picknick hat sie sich ein Stück Anerkennung erworben, vor allem bei ihren Söhnen und ihren Schwiegertöchtern. Mit letzteren tut sie sich später zusammen und erfindet das Spinnen und das Weben. Bachab die Zeit der animalischen Felltiere, jenes fragwürdigen Geschenks Gottes, neue Kleider jetzt, die erinnern an das Lichtkleid im Paradies. Und dabei viel geredet und ganz anderes Garn gesponnen.

Während ich das alles schreibe, lacht sich oben Pessoa eins, im Paradies der ganz großen Autoren, er, der ein richtig dickes Buch über die *intranquillidad*, die *unquietness*, die Unruhe geschrieben hat. Naama hätte es gern gelesen, auf die Urlaubsfähre wartend, unsere heutige Arche. Die mit der ewigen Verspätung.

HANNAH ERFINDET DAS STUMMDENKEN

ELI, DER PRIESTER, IST IRRITIERT

Denn Hannah redete in ihrem Herzen, allein ihre Lippen regten sich, und ihre Stimme hörte man nicht.

Samuel 1,1

Hannah betet/denkt: sie spricht nicht und nur ihre Lippen bewegen sich. Darob erstaunt der Priester und ruft: Besoffen bist du wohl! »Gib diesen Wein von dir« und übergib dich gefälligst hinter der Opferstätte.

Doch Hannah lächelt inwendig und gibt keinen Wein von sich hinter der Opferstätte, denn sie hat eben einen Gedanken geboren in sich und aus sich. Sie lässt ihn bei sich, solange wie sie will und keiner findet ihn, sie führt ihn aber heraußen, wann und wie sie des Willens ist — und siehe, er steckt weiter in ihr und sie wundert sich und frohlockt und dieser Gedanke und die nächsten Gedanken leben von nun an hinter ihren Lippen und das schlägt wie sanfte Wellen an Herz und Kopf.

Die Gedanken, einer, der nächste, alle bissen sich und einander in den Schwanz — erzählte sie später — zeugten und laichten, es war eine Kornkammer und ein Bienenkorb. Das Drängeln half nicht; »ich war entrückt«, sagt Hannah sinngemäß. Der Priester Eli beruhigt sich; sie bekommt später das ersehnte Kind; alles im Lot.

Doch nicht ganz. Der Ehemann El-Kana, der Zeuge war und seinem Weib zärtlich gesonnen, erzählt das Seltsame weiter. Anderen Männern. »Wir möchten auch von diesem Wein trinken«, sagten die Männer. Sie bewegten die Lippen, wie sie diese hatten sich bewegen sehen und gaben keinen Laut von sich. Und doch war nichts in ihnen, nichts kam, nichts ging. Und nichts stak sanft oder unsanft zwischen Herz und Kopf.

Und die Männer verschmachteten und erbosten sich. Und ein Mann entmannte sich, wähnend, er möge zum Weib werden und das Unsichtbare zeugen hinter den Lippen. Doch es fruchtete alles nicht (und der alte Teiresias bei den Griechen lachte, als er davon erfuhr). Ein anderer fasste das Weib an der Gurgel und wollte das Geheimnis aus ihr drükken, dass sie dann lernen. Doch nur Sinn-loses entströmte und das Weib ward nur rot und blau und er ließ von ihr.

Dies sah der Herr und schickte ihnen die gefallene Engelin Lilith, dass sie eine Lehrerin sei unter ihnen und eine weise Frau ihren Köpfen und Herzen. Und sie lag bei ihnen, jedem einzelnen und allen zugleich, lag lachend und stumm und zeugte bei ihnen Sinn und Rede, mit Lipp' an Ohr und Zung' an Zahn und Scham an Schwanz, auf dass ein Denken wachse in ihnen.

Und es regte sich etwas in ihnen, das neu war und wie ein Same und ein Bach und eine Scheune. Und jeden Mann ließ sie das Wort »Verlangen« erfinden, dass sie miteinander solchen Wortes spielen hinfort. Und für das Lautlose bei den Frauen einigte man sich später auf: »Denken«.

Und Hannah zeugte die Stummdenkenden bis heute, Männlein wie Fräulein, und dem Augustinus fiel später auf beim Besuchen seines Lehrers Ambrosius, dass er aus seinem Buch las — stumm und still. Er beschreibt es eine Seite lang in den »Bekenntnissen«. Und das Stumm-Stille hatte Bestand. Schnee von gestern, wie man sieht. Frauenschnee.

ALS ISRAEL SEINEN
ELOHIM OPFERTE

FRAUEN AM SCHLOSS

Da machten sie Absalom eine Hütte auf dem Dache, und Absalom beschlief die Kebsweiber seines Vaters vor den Augen des ganzen Israels.
Samuel 2,16

(...) That sie in eine Verwahrung und versorgte sie; aber er beschlief sie nicht. Und sie waren also verschlossen bis an ihren Tod und lebten als Witwen.
Samuel 2, 20

David schob den großen Riegel vor, tuend, wie er gesagt hatte. Und es hieß später auf der wieder aufgefundenen Rolle »Er that sie in eine Verwahrung«. Keiner durfte die Tür aus Steineiche jetzt wieder öffnen von außen und keine von innen. Ein Siegel des Königs hing dran und wer es brach, wurde geviertelt. Wenn später den zwangsverwitweten Weibern das Essen mangelte, musste es von außen nachgeschoben werden, durch die Luke in der Tür. Und sie bekamen keine Magd und keinen Eunuch. Die zehn waren zunächst ratlos. Dass der David sie nicht beschlief, war zunächst angenehm gewesen, denn sie mussten nicht schon wieder in eine bestimmte Lustreihenordnung treten und ihre Scham nach Wink einordnen. Auch hatte er sie durch die noch offene Tür von Knechten ein letztes Mal en gros versorgen lassen, dass ihnen an nichts ermangele in den Tagen ihres Witwentums; Grütze schenkte er und Gerste hundert Kad, und Kamelmilch in großen Häfen und ganze Körbe Feigenpaste. An dem großen Riegel aber hat er dann das dicke verzierte Schloss aus schwerstem Eisen, geschmiedet aus der Amelikiter Spaten, angeschlossen und von nun an sollten sie sich als lebende Witwen betrachten oder Witwen eines, der am Leben ist. Und sollten froh sein, dass sie nicht am Ganges leben. Doch letzter Satz ist unsicheren Ursprungs.

Und dieser Sau eines Sohnes, Absalom, ist der König David bereit zu verzeihen. »Wann dir recht ist, lieber Sohn«, kommentierte sarkastisch die eine Edomitin, denn es waren zehn Kebsweiber da, jede eine Ausländerin nach ihrer Art, gezeugt von Unbeschnittenen. Und die zehn hatte er früher beschlafen nach Strich und Faden in seinem Hause und die zehn selben waren es, die der missratene Sohn Absalom später, ein Vatersudler, beschlief nach Faden und Strich, oben auf dem Dach am Söller, vor den Augen des ganzen Volkes, dass David entehret sei. Und zehn waren es da, in besonderer Schöne, aus allen Stämmen stammend, die auszurotten waren. Denn die zwei richtig getrauten Weiber traten nur noch selten dazu; und waren ein Rechenpfennig den Heidinnen und es kam so zu der schönen Zahl zwölf, welche geheiligt ist und den königlichen Lenden recht war und einer jeglichen Scham entsprach.

Den Spruch des Königs ließ keine Heidin auf sich beruhen. Es entfaltete sich unter ihnen ein Aufgebot an Witzen, und ein Rachezug in Worten. Eine meinte, man könnte vielleicht die Hütte von Absaloms Leuten auf dem Dach wieder aufbauen und daselbst tun, als ob wieder ein Widersacher von David sie schwächen täte, in Pein, Leid und Schrei. »Hört ihr die Witwen wieder? Wie stark der Widersacher!« spräche das Volk unten auf der Straße, als es die Hütte auf dem Dach wieder aufgerichtet entdecken würde. »Ich glaub, der Sohn von dem macht sie wieder zu Jungfrauen!« und männisch lachen würde es. Das hörte sich gut an, und sie probierten ein wenig die Lautkulisse. Sie konnten gut aufeinander abgestimmt schreien und stöhnen und sogar unwillkürliche einzelne Luststrecken simulieren, denn das gehörte ja zum Kebsen und Huren, was eine Kunst ist.

Aber sie mussten es lassen, denn von den Trabanten des Königs war das Gerücht verbreitet worden, ein Fluch läge jetzt auf dem Haus und sie wären wie Aussätzige der Scham. Und sie mussten sich ein anderes denken, und drehten und drehten an den Folgen des Un-Richtspruchs des Recht beugenden Königs: »Und sie waren alle verschlossen bis an ihren Tod«, glaubt die Rolle zu wissen.

»Machen wir, dass es nicht ganz stimmt, meine Witwelein«, sagte eine, und sie eiferten sich in Gedanken. So sieh denn auch, in der Verwahrung waren eines Tages die Salben ausgegangen, und nur mit dem Wasser aus dem Brunnen des Hofes machten sie ihre Haare schön. Sie trugen sie bis an die Kniekehlen, dass es einen König gereizt hätte und einen einfachen Mann zum König gemacht über Unmut, Unbill und Teuerung. Und sie fuhren im halben Schatten eine über der anderen Haare, bis eine rief: »Ein Öl brennt in meiner Leuchte und ich weiß wohl, wie wir entweichen mögen«. Und sagte sie es der nächsten Freundin ins Ohr, obzwar kein einziger Kundschafter da war und es des Heimlichtuns nicht bedurft hätte. Und diese der nächsten und so weiter, bis der Kreis geschlossen war und ein einziges Lachen war unter ihnen auf dem Dach, wo die Hütte des Absalom gestanden hatte, der sie reihum beschlafen hatte, dem Vater zum Hohn.

Und sie holten eine Schafschere, die da war aus früheren Zeiten, und schoren sich gegenseitig die Haare ab und knüpften sie aneinander zu einem Seil, das war siebenzig Ellen lang und gar stark und hätte fünfzig Philister geschleppt und einen Goliath bequem festgebunden. Und machten ein Loch am Dach und ließen das Seil durch das Loch durch und knüpften es fest. Und warteten, bis ein Fest kam und Israel seinen Elohim opferte und die Heiden ihren Elohim und alle waren beschäftigt und fleißig. Und ließen das Seil aus ihren Haaren heraushangen und konnten entweichen über die leeren Gassen und hatten ein Stück des Seils gesplissen, auf dass sie streunende bellende Hunde ans Maul fassen mochten und es ihnen zubanden. Doch die Hunde schauten lieber den Festen zu, ob da nicht was abspränge. Und die Frauen sahen sogar, im Vorbeischleichen, durch ein Fenster an Davids Zeder- und Lehmpalast, was sich zutat, und sie erblickten den König beim Anziehen des Priestergewands und schalten ihn durch die Zähne einen Fliegenmist und Skorpionschleim. Und wurden nicht mehr gesehen, weder links noch rechts vom Jordan.

Doch als es dem König berichtet wurde, dass das Haus der Witwen-Verwahrung wohl leer stand, weil man keinen Beckenlärm mehr aus Schüsseln und kein Harfensäuseln und Mauscheln und Lachen vernahm, musste es scheinen, dass des Lebendigen Wahren Großen Königs lebenslangen Witwen etwas passiert sein. Da ordnete er an, dass man an der Tafel ohne ihn weiter tafele, jeder Höfling nach seiner Art. Und ging selber hin mit fünf Knaben, erbrach das schwere Siegel, ließ den großen Riegel zurückschieben und trat ein. Die Witwen hatten dort keine Bleibe mehr, und er ward darob sehr beschämt. Er befahl den Knaben, dass man eine Grube mache für ihre Leichen auf dem Felde hinter dem Haus, ließ fünf Bahren antragen und aus Stroh Puppen machen, dass diese unter dem Tuch wie Leichen aussahen. Und denen, die das angesehen und ausgerichtet hatten, ließ er durch fünf weitere Knaben die Zunge herausreißen und das linke Auge ausstechen, und wehe sie petzten, denn ihnen würde dann das rechte Aug auch herausgenommen. Derart, dass sie, des Schreibens unkundig und des rechten Auges achtend, sich hielten alle fünf stille. Und begruben die Puppen vor allem Volke. Und das ganze Volk dachte, die Witwen wären gestorben, und darin zeige sich des Großen Königs Größe besonders. Die übriggebliebenen zehn heidnischen Harfen wurden zu Brennmaterial für das nächste Speiseopfer; die Schafschere ging an einen Hirten.

Doch manch eine Frau, Heidin oder nicht, lächelte hinter dem Schleier und strich sich darunter heimlich übers lange und so leicht kurzzuschneidende Haar und dachte sich ihrs von Dan bis Gat. Und ihres Wortes Laut war: ein Weib unterschiede sich jetzt sehr wohl, anders als die Puppen, von einem Ballen Stoff und einem Klumpen Fleisch.

EINE ERBAULICHE
EIN-SATZ-GESCHICHTE

SEERA

Seine Tochter aber war Seera, die baute das niedere und das obere Beth-Horon und Usen-Seera.
Chronika 1, 8, 24

Kürzest wohl die Geschichte, denn der Seera ist in der Chronika ein einziger knapper Satz gewidmet. Darin steckt aber ein unglaubliches Abenteuer. Im Kern: Seera ist eine Ausnahme, eine befremdende. Damit das Allen ruchbar werde, tritt die rebellische adversative Konjunktion »aber« auf den Plan. Ephraims Tochter aber war Seera. Wie keine andere wird sie den tausenden und abertausenden von Söhnen in den langen genealogischen Litaneien des biblischen Werks zur Seite gestellt. Sie sprengt die Liste, bricht das Hamsterrad männlicher Legitimation. Eine schöne Kerbe im glatten Erinnerungsholz.

Seera also darf in die Geschichte eintreten, denn sie erbaute die Stadt Beth-Horon, das niedere wie das obere. Und die Stadt Usen-Seera obendrein. Fragen drängen sich sofort auf: wieso gleich zwei Städte, Zwillinge? Meistens gibt es bei zwei Städten eine ältere und — die Pest zieht durch, ein Heer; ein

Erdbeben stellt sich quer — die Neugründung erfolgt unweit davon. Da nicht. Und worin sollen sich beide Horons voneinander unterschieden haben? Eine für Männer, eine für Frauen? Horon war eine ägyptisch-kanaanische Gottheit, also: eine für Priester oben, die untere fürs Volk, oben Weihrauch und unten Schweiß? Eine für Arme, eine für Reiche? Oder Bauern hier und Hirten da?

Bis auf den heutigen Tag sind die beiden Städte erhalten. Auch in der Onomastik. Und das wissen nicht einmal die heutigen Bewohner. Die beiden palästinensischen Dörfer heißen arabisch aber doch Ur-al-Fuqa und Ur-al-Tahta. Ur-das-Obere und Ur-das-Untere. »Ur« die Entsprechung für Horon. Genau wie in der Chronika. Sie zeugen — schattenbildgleich — von Seeras Existenz. Wohnen heute übrigens in beiden Horons die gleichen arabischen Sippen? Oder fühlen sie sich oben und unten ein bisschen anders? Oder weichen alle Unterschiede vor den hereindrängenden israelischen Siedlern? Fakt wird wohl sein: keine Palästinenserin weiß von Seera, der Städte-Erbauerin. Und, denken sie sowieso, Häuser- und Städtebauen war doch immer Männersache. Seit eh und je. Seit Adam vielleicht. Gut wär aber doch, dass sie von Seera erführen und ihre Selbstachtung aufzögen, einer Grundmauer gleich.

Nicht nur ist Seera, die Tochter Ephraims, solchermaßen die erste erwähnte Städteplanerin in der gesamten Bibel. Sie gründete noch dazu Usen-Seera, und darüber zu berichten ist schwieriger, Denn anders als Beth-Horon wird Usen-Seera nirgendwo anders erwähnt. Ein städtebaulicher Hapax. Führen wir nicht, sagen alle Weisen. Und »Usen« zu

»Seera« macht keinen Sinn, sagt der Linguist: heißt höchstens »Ohr-der-Seera«. Und machen die Stadt umwendend dem Texterdboden gleich. Man soll sie sich aber doch, grade in dieser Steppenkargheit, vorstellen können — werden alle Frauen meinen — als die Stadt-im-Nirgendwo. Die Stadt-für-sich, die Stadt-für-Eine. Der Boden voller Spuren im Sand, gewölbt wie von der Wüstenschlange, und der Himmel voller Milchstraße. Die Stadt-im-Kopfe, beliebig bewohnbar, umbaubar, besingbar. Man möchte Brigitte Reimann noch am Leben sehen, dass sie von Seera erfahre. Der richtige Umgang mit den Polieren; die besten Keile auswählen zum Sprengen der Blöcke durch Aufschwellen. Langsam und sicher. Tropfen stete, Stein gehöhlt.

Das konnten Männer und Schreiber nicht auf sich beruhen lassen. Nicht nur wird bei der zweiten Erwähnung von Beth-Horon in Chronika 2, 8 Usen-Seera fallen gelassen, auch die Seera selbst muss weichen. Dem einzigen großen Architekten Salomon: »Er bauete auch Ober— und Nieder-Beth-Horon, das (sic) feste Städte waren mit Mauern, Thoren und Riegeln«. Ihm ist als Mann die Stadt vor allem Befestigung. Such das Weite du Weib, mit deinen offenen Gassen und deinen ruhigen Plätzchen. Gib Zirkel und Winkelmaß zurück! Stell meinetwegen drei Steine aufeinander in der Wüste. Zum Grab der Illusionen; zu mehr bist du nicht befugt.

Auf einen Mann aber hat Seera irgendwann doch Eindruck gemacht. Auf den Schreiber, der sich umgarnen ließ, dass sie in der Ahnenreihe der Schrift unterkommt unter den tausenden Söhnen. Ihm sei, dem Unbekannten Unterjubler, dieser Text gewidmet, als kleiner Galgal. Ein Wort, das auf Französisch ein

Cairn, ein Steinehaufen bedeutet — und auf Hebräisch ein Sturmwind.

Wer ist dieser Ephraim aber denn doch, wird wohl in späterer Zeit ein Bibelunfester, unglaubenumnebelt wie er ist, vielleicht gefragt haben? Aber sag mal — kommt dann die Antwort — wo lebst du denn? Das ist doch Seeras Vater. Ach, dann. Alles in Ordnung. Frauenfinger fahren leicht über das Winkelmaß.

PALMWEIN UND OPFERASCHE

DIE VERDACHTS-SCHÖPFERIN

Männer, die ihre Frau des Ehebruchs verdächtigten, durften sie verklagen und einem Eifersuchts-Ordal unterziehen; man verfluchte sie, die Flüche wurden aufgeschrieben, die Zettel mit den »bitteren Wassern« abgewaschen, vorher zünftig mit Opferasche vermischt; die Mischung musste die Frau dann trinken. Log sie, so passierte sofort an ihrem Leib alles mögliche Schlimme. Sonst durfte sie gereinigt die Ehepflichten weiter erfüllen. Die umgekehrte Prozedur war nicht vorgesehen; eine Frau schöpft keinen Verdacht.

Nach Numeri, 5 (dem Sinn nach)

Neulich«, sagt einer kühl beim Palmwein, »neulich ist eine verdächtigt worden«.

»Des Einen?« fragt ein Kumpel.

»Natürlich, des Einen«.

»Und?«

»Und musste ›die bitteren Wasser‹ schlucken, wie ihr wisst«.

»Und ist ihr der Bauch gleich geschwollen, wie es Brauch und Glaube ist? Und sind die Hüften ihr gleich eingefallen?« Fragen viele, aus dem Nachbardorf gekommen, im Schatten des Stadttors, um die Amphore mit dem Palmwein.

»Dass ihr nicht da wart!« seufzt mitfühlend der spontane Informant. »So was hat es noch nie gegeben!« »Wie denn nur?« »Weil die Frau sich erhoben hat, Mann, und mir nichts dir nichts gegenverflucht hat! Dort, wo sie »Amen, Amen« sagen soll, hat sie es auch gesagt, aber dann gleich ein drittes Mal einen Ton höher und ein viertes ganz lustig und fast zwitschernd. Damit war die Aufmerksamkeit der Männermenge auf sie gelenkt (die Frauen ganz hinten konnten kaum etwas mitkriegen und verstanden die spätere Entwicklung auch nicht, so erstaunlich wie sie auch war und am Palmwein hatten sie auch keinen Anteil) und sie hat angefangen zu reden, zu prophezeien fast.« »Mach das doch nach, Kumpel!« riefen einige. »Ist ja nicht gegen das Gesetz!« Und schöpften mit der Schöpfkelle aus der Amphore nach. Der Informant, mehrmals genötigt, gab schließlich nach: »Also gut, Leute, aber dann dem Sinn nach nur!«

> Euer Eifer will prüfen, eure Sucht will schnüffeln.
> Es ist ein eiternd Feuer in eurer Rausche!
> Ihr macht das Recht zur Hürde, ihr macht die Lieb' zur Bürde.
> Doch wir spannen den Bogen quer
> Doch wir drehen den Spieß um.
> Wir tränken eure Wallache mit Spezereien im Wein
> Dass sie euch durchgehen übers Land
> Und der Reiter steht dann dumm da
> Am leeren Imbissstand.

»Billig der Abgesang«, sagt der eine. »Aber die Frau hat Chuzpe«, findet ein andrer. »Hat sie nicht mehr gesagt?«, fragt ein dritter. »Hat sie, Freunde, hat sie,« sagt der Redner, feuchtet sich den Gaumen an und setzt fort:

Und seid ihr, ihr Meister des Verdachts, in späteren Zeiten immer noch da, dann sei eine Krätze in eurer Allonge-Perücke, euch platze der Stehkragen, der Bund euch auseinanderreiße gar, die Träger schnellen über die Ohren, Manschettenknöpfe wie Männleinsaugen, und die Kopfhörer hängen an euch herab wie verdorrter Wein nach dem Sturm.

»Die Frau hat Grips«, schüttelt einer den Kopf, »lauter Outfit aus der Zukunft!«

»Da kommt aber noch was«, fährt der Informant fort und dann mit Obertonstimme:

Zerkratzt der Topf, zerbrochen der Hafen,
Reiht euch ein unter die Bittenden
Darm dick Darm dünn und Grimmen ohne End'.
Der räudige Hund geht vor euch an Wert.
Lasst euch doch ein auf die Nesselpfade
Wir stehn an den Scheidewegen, zählen ab, lachen
Und schöpfen euch bitterere Wasser.

Beunruhigend dunkel, diese Rede, befand einer mit Schöpfkelle in der Hand. Wir selber hatten keine Zeit, da mitzudenken, unterbricht ihn der Informant. Denn noch eine Salve kam:

Das Gewölbe eures Größenwahns steht schief!
Das Tor eurer Eifersucht gähnt breit an den Geilheitsangeln.
Die Brücke der Gerechtigkeit hat keine Bohlen mehr

Und an der Furt der Gleichheit sind die Hungersteine
Weggeschwemmt, an denen ein leichtes war herüberzukommen.
Wir stehlen euch A und O, aus und ein; ein Kreisel ist euer Leben dann
Wir nehmen sogar den Schlussstein oben am Stolz, dass ihr das Ganze
Schultern müsst wie müde Atlasse und vor Angst nicht mehr schreiet.
Oi, ihr Eifrigen, ach, ihr Schlüpfrigen, dahin, dahin mit allen Schanden.

»Wie du das alles noch so genau weißt!« »Aber sowas prägt doch, Freunde!« Darauf Schweigen.
»Der Palmwein hat schon mal besser geschmeckt«, spricht einer dann kühl. Es ist ihr »Ite missa est« und alle gehen auseinander still. Keiner will wissen, was aus der Frau geworden ist. Durch das Frauendorf, vorbei an den lauten Küchen, vorbei an den murmelnden Höfen, die Augenhöhe scheuend, als stünden die Damen Spalier. Sie wissen nicht mehr, in welchem Dorf sie Hahn sind und suchen sich in neuer Bescheidenheit irgendwo einen Raum.

MUTTERTAGE

RIZPA, DIE VOGEL-SCHEUCHERIN

Aber die zwei Söhne Rizpas, der Tochter Ajas, die sie Saul geboren hatte, Armoni und Mephiboseth, dazu die fünf Söhne Michals, der Tochter Sauls, die sie dem Adriel geboren hatte, dem Sohn Barsillais, des Meholathiters, nahm der König und gab sie in die Hand der Gideoniter; die hingen sie auf dem Berge vor dem Herrn. Also fielen diese sieben auf einmal und starben zur Zeit der ersten Ernte, wann die Gerstenernte angeht.
Samuel 2 21

Das Korn steht überhaupt nicht gut, der Boden springt auf und ist zerschrunden; Unentschlossenheit und Ratlosigkeit herrschen im Lande. David will sich doch mit Gott aussöhnen, dass ER diese Teuerung wieder nehme, die drei Jahre schon anhält. Leichenhalber hat er durchaus etwas auf dem Kerbholz und den einen oder anderen Stamm hat er ausrotten wollen, aber für Saul vor allen Dingen ist er bereit, Buße zu zahlen, der sich am Stamme Gideon vergriffen hatte. Zur Sühne ist er bereit, und zur Abfindung. Gott lässt die Gideoniten den Preis nennen und er ist hoch: Da sind sieben Männer aus dem

Hause Sauls umgehend auszuliefern, aufs Rad zu flechten und aufzuhängen, auf dem Berg zu Gibea. Zu den sieben zählen die zwei Söhne Rizpas und die fünf Söhne Michals. *Also fielen diese sieben auf einmal, und starben zur Zeit der ersten Ernte, wann die Gerstenernte angehet.*

Oben bewegt sich nach einiger Zeit nichts mehr und man lässt Rizpa unten am Berg durch; sie geht den Berg hoch, allein, denn Michals Beine tragen sie kaum noch, trotz Sehnen. Und Michal musste fünf Söhne hergeben. Rizpa hat einen Sack mitgebracht zum Unterlegen und verharrt bei den Galgen im Schneidersitz, den Mähern gut sichtbar, die wenig zu mähen haben auf den noch trockenen Gerstenfeldern unten; bewegt nur die Arme kreisend und klagt statt leise laut, von weitem fürchterlich für andere, Menschen und Tiere, wenn die Raben des Tages kommen und die Füchse und Schakale des Nachts schleichen. So heißt es auch: *und ließ des Tages die Vögel des Himmels nicht auf ihnen ruhen, noch des Nachts die Thiere des Feldes.* Und die Bauern im Tal, obgleich verängstigt, loben ihre Frömmigkeit und Nützlichkeit für die Denkmalpflege und den Wetterdienst.

Der König lässt aber, wenn die vorgegebene Zeit vorbei ist, die Gebeine an den Galgen sammeln und vergraben, zusammen mit Gebeinen aus seinem Hause, wo und wie es sich gebührt. Und die sieben Galgen werden von sieben Fällern abgehauen, dass nur die Stümpfe noch ragen. Und machen um Rizpa einen Bogen, die in der Mitte im Schneidersitz immer noch kauert. Und niemand behelliget sie und sie schweigt, denn ihr Aug sieht es, es sind keine Tiere zu verscheuchen mit Fuchteln und Klagen, sondern nur Schächer, von Königs Gnaden.

Geputzt und sauber der Berg Gidea, begibt sich Rizpa nach unten zu Tale, nachdem sie den Sack geschüttelt und zusammengelegt hat, geht zu Michal, die ihre fünf Söhne geben musste dem Galgen und sie nur zwei. Und erzählt ihr von den Tieren und von der Wache am Berge. Und draußen ziehen noch einmal herauf die Regenwolken, dick wie Gebärende. Und die schweren Gewittertropfen fallen, das Grundwasser steigt und David denkt, das Geschenk an die Gideoniten hat sich gelohnt. Und die Teuerung ist bald nur noch in Köpfen der Bauern da. Und in Rizpas und Michals. Sie sind jetzt beide ein bisschen verrückt und wollen Gerste-Erntedankfest im tiefen Winter feiern. Alle schütteln den Kopf, am Hofe und im Volke. An dem einen Auge hat Rizpa von all dem noch ein Gerstenkorn. Vom Trockenheulen im Sandwind oben am Berg. Das geht nicht weg.

ALS DER KISCHON ÜBERFLOSS

DIE MUTTER VON SESSORA

Richter 4, passim

Ein Haus in Ha-Roscheth-ha-Goim
Das Haus von Sessora, dem Feldherrn, mächtig und groß.
Er neunhundert Kriegswagen, die Terrasse zwanzig Ellen hoch,
In der Mauer ein Fenster, gegittert aus Erz, dem Wind offen.
Übers Land der Blick, Augen am Gitter sie, in Tüchern.
Die Mutter grübelt, Sessora der Sohn trödelt wohl, die Schlacht ist vorbei, es geht ans Austeilen von Beute: die fressen, er frisst; die saufen, er säuft
Fleisch vom fremden Vieh, Milch und Wein aus fremden Häfen,
Am Herd und ohne Herd, im Schoß, aus der Hand
Die Pferde, abgespannt, grasen, um die neunhundert,
Sie kennt die Berichte alle, ein Siegeszug dem andern gleich:
»Das tut er wohl, das Rauben, ja das Fleisch, ja Milch und Wein«, beruhigen sie die weisesten seiner (des Sohnes) Frauen.

Ja, Ströme von Milch wie der Kischon, Berge von Fleisch.
Der Beste unter guten Kriegern, Männer mit Gemächt.
Er wird wohl schreien: »Bringt mir eine her, bringt sie zurück«
Denn Schwächung ist in seinem Sinn, Stillung und Zähmung.
Der Mutter eines Sessora ist das klar. Sie weiß, warum sein Wagen
Verzeucht. Zuviel Sieg, zuviel Beute. Ein viertel Tag dann
Warten wir und einen halben, wo bleibt der Sohn, siegreich?
Mutter, schreit Sessora, der Kischon floss über, meinen Sichelwagen,
Den neunhundert, blieben die Räder im Schlamme stecken.
Und ich zu Fuß jetzt fliehend, Mutter. Die Mutter hört weg,
Sie peitscht den Traum weiter, Siegeszug über die Angst.
Wohl gürte er sich jetzt, nun binde er die Metzen
Mit Palmfaserstricken an das Kamelhaarseil, eine oder zwei pro Krieger.
Und die Esel folgen wohl und der ganze Tross sicher auch,
Teure Kleider Körbe voll, Gesticktes, um den Hals zu legen,
Kebsen und Müttern um den Hals. An einer Stelle der Traum
Bricht jäh, die Parade wird zur Klage, Sinn zum Alb.
Mut und Gier, mein Sohn, leg sie ab! Und die Beute! Kehr zu mir nur!

Sie drückt das Gesicht in das Gitter, glaubt den Staub
Zu schmecken wie von einem geordneten Heer, klagt in den Wind.
Sie dreht sich nicht mehr zu den Weisesten, weg sind sie auch.
Der Sohn nur, den gebt mir. Schatten aber nur durch das Tor,
Einzelne, Geschlagene. Der Sohn nicht. Verschwunden
Die ganze Beutekarawane. Es schreit die Mutter: In den Krieg
Habe ich ihn getrieben. Löschen den Gedanken, löschen alle.
Das Gitter ist kalt, der Nachtwind frisst den Kriegsgewinn.
Die Debora, die Biene, pfeift es schon von allen Terrassen,
  Wie grausam schön der Sohn verkam, der Feldherr verendete.
Gemeuchelt als flüchtender Gast bei Heber, dem neutralen Keniter,
Schlafend von einer Frau mit Schmiednagel und Hammer in Schläfe.
Die Kebsen von Sessora raten kopfschüttelnd, an wen sie geraten
Und berühren in Gedanken an den Herrn die Tücher, die teuren.

DIE GEOPFERTEN

MECHULA, DIE TOCHTER JIFTACHS

Er sprach: Gehe hin; und ließ sie zwei Monate gehen. Da ging sie hin mit ihren Gespielen und beweinte ihre Jungfrauschaft auf den Bergen. Und nach zwei Monaten kam sie wieder zu ihrem Vater, Und er tat ihr, wie er gelobt hatte.

Richter 11

Ein Schemen in der Schrift ist sie die längste Zeit gewesen, zwei Jahrtausende, die Nicht-namentlich Genannte. Nur die Tochter von dem Mann, der sie Gott zu Ehren ermordet hat, eine Zuschreibung wie ein Käfig. Namen werden ihr aber dann doch nachgeworfen, in Tragödien und Oratorien. Bei Georg Friedrich Händel wird sie zur Iphis, dem Mädchen der griechischen Mythologie, das als Knabe erzogen wird; bei Johann Sebastian von Rittershausen zu Jemina, was er wohl von Jemima ableitet, dem »Täubchen« des Vaters Hiob; 1784 macht ein Johann Melle in »Mehala, die Tochter Jephta« aus ihr eine Mehala, was wohl zu tun hat mit Machol, dem Reigentanz. Machol, Mechola, ein breites Wort, das den Reigentanz bezeichnet, den Tanzplatz oder auch die Flöte. Aber Mahala war auch die »Zärtliche«, die Frau von Kain, problematischer Herkunft. Wir taufen sie denn auf Mechulah, wo die Musik und der Tanz nachklingen, was aber eigentlich »ruiniert« bedeutet, »bankrott«, »ausgeraubt«. Mechulah, ein weichkantiges Wort.

Der Tatbestand dürfte jedem bekannt sein. Jiftach, als »Hurensohn« von zu Hause verstoßen, erholt sich davon im Nachbarland Tob, schart Freischärler um sich oder, wie Luther sagt, »böse Buben«. Später zurück nach Gilead geholt, als die dort geschlagen sind, auf dass er die Gegenoffensive führe. Macht er auch und verlangt dafür, dass er die Führung über das Völkchen auch über den Sieg hinaus beibehält. Berauscht von der Idee eines späteren Dauerkommandos, verhandelt er auf Augenhöhe mit Gott und verspricht ihm bei einem Sieg das Leben des ersten Menschen, der über die Schwelle tritt.

Es ist aber seine Tochter, sein einziges Kind. Er tut sich schwer mit dem Einlösen des Versprechens, die Tochter hilft ihm jedoch dabei, willigt ein, bittet sich aber eine Auszeit von zwei Monaten aus, wo sie mit ihren Gespielinnen (Luther schreibt da »Gespiele«) in den Bergen ihre Jungfrauschaft (Luther) beweint. Tut es, kehrt zurück termingerecht, das Beschlossene wird angeblich einvernehmlich erledigt.

Man möchte aber doch mehr wissen, um die Geschichte zu schlucken, und vor allem den Umstand, dass sie vorbehaltlos in den heiligen Kanon aufgenommen ist. Die Berge werden vielleicht helfen, »Von hinnen hinab in die Berge«, heißt es, soll er sie alle ziehen lassen. »In welche denn, Tochter, mein Liebstes?« »In die Berge von Tob, liebster Vater, wohin du damals auch flüchtetest«. »Auf dass du weißt, wo ich bin in dem Zeitraum.«

»Aber die bösen Buben dort! Du brauchst ein Geleit!«

»Ach, Vater, dass ich nicht lache. Die hast du doch als Hilfskontingent in Gilead angeheuert, deine Ganoven! Sie prassen und feiern doch mit den Gileaditen jetzt das Siegesfest! Lass uns einfach gehen, wie wir sind, meine Freundinnen und ich. Zwei Packesel mit Getreide, sechs Ziegen für die Milch. Und unsere Tamburine wohl auch. Zeitvertreib. Mädchen. Und passiert uns was am Wege, so bist du auch damit deines Versprechens enthoben. Oder überträgst es auf ein anderes Objekt. Deine Sache dann, Vater«.

Der Vater gibt Ziegen und Esel her, lässt die Tochter gehen, ist aber verstört; vor kurzem hat er noch vor unseren lesenden Augen seine Kleider vor Verzweiflung zerrissen. Asche übers Haupt auch gestreut; jetzt schüttelt er es, weiß eigentlich nicht mehr so recht. Er geht aber beruhigungsbeflissen dann doch zur Tagesordnung über. Kaum ist die Verteilung der Ammonitenbeute vorbei, so ist die Vorbereitung des Krieges gegen die Ephraimiten anhängig; unter 40 000 Mann Schadenzufügung wird es nicht zugehen und wie werden dann die vielen Beutebräute bloß stammes- und klangerecht zugeteilt? Er lässt zwischendurch von einer schneidernden Sklavin die Kleider wieder zusammennähen und streicht sich fragend den Bart. Wochen verstreichen damit.

Man schreibt inzwischen die fünfte Woche. Die Siegesstimmung ist hin. Auch die nahen Verwandten schweigen. Die Schatten werden dichter und lasten. Das Heereszugtief naht langsam heran. Hättest du noch ganz am Anfang bei Kriegsbeginn geopfert, als Einsatz sozusagen, wie Agamemnon die Iphigenie, oder der König in Moab seinen Sohn, das ginge noch. Aber hinterher erst, bei erbrachter Leistung der anderen hohen Seite, belohnen zu wollen wie Idomeneo anno dazumal. Der Bitterkelch als Schleck. We would prefer not to, heißt es in Gilead, frei nach Hermann Melville.

Erschlagt sie mir denn auf dem Rückweg, überlegt Jiftach in der siebten Woche und tastet im Gefolge vor. Aber keiner von seinen bösen Buben will. Man merkt ihnen gleich an, sie wären imstand und töten ein Reh statt der Prinzessin, bringen dann Leber und Lunge als Beweis, ganz wie bei Grimm.

Was ist inzwischen in Tob los? Wer hat je dieser acht Wochen (es sind ja Mondsmonate) östlich des Dschebel Hauran gedacht? Für den Komponisten war es ein bloßer Gang durch die Klangwüste zwischen den beiden Arien der Tochter: Freudenreigen die erste, Klagelied die zweite. Alles also schon gelaufen? Haben aber die Mädels nicht etwa zur Flucht geraten, in die weiteren Berge nach hinten? Sie sagen: »Du könntest auch wohl einfach umgekommen sein. Eine von uns stirbt an deiner Stelle, Gesicht entstellt von einem Raubtier. Nach Mizpa dann zum Vater. Berglöwe. Unvorsichtig gewesen. Tut uns leid. Nur Frauen da«. »Mädels, wollt ihr denn so grausam sein, eine von uns auslosen, unschuldig, und mit euren eigenen Händen umbringen? Ich verfluche euch alle schon, auf Vorrat, wisst ihr!«

»Gut, man belässt es also beim Beschlossenen. Nur, was wird nun aus uns werden, wenn du aus dem Leben scheidest? Verstoßen, verkauft oder mitgeschlachtet, wer weiß, nur der erste Schritt schmerzt? All dies höchst unerquicklich«.

Wir schreiben jetzt die achte Woche. Sie üben Lieder drüben, alte und neue, in Wort und Weise.

Sie üben Tänze, neue und alte, aus der zahmen Mechulah, dem Reigentanz, nach dem sie geheißen wird, machen sie was ganz neues, Wildes, nie Dagewesenes.

Dann kommt der Tag. Sie schwingen im Takt Wüstenkürbisse, ausgehöhlt und mit Kieseln gefüllt; sie schlagen die mitgebrachten Tamburine über den Köpfen, sie formieren sich zum Zug, dann geht es durch Tob und von da nach Gilead und dessen Hauptstadt Mizpa. Wir singen Fröhlichkeit, singen sie, dass ihr erstaunt; wir singen Ausgelassenheit, dass ihr erzürnt. Und immer wieder der getrommelte Kehrreim:

Hohn ist uns, Hohn sei euch!
Körper weiche, Seele fleuch!

Vor des Vaters Tür dann, er auf der Schwelle, wo sie selbst damals. Sie wartet einen Augenblick noch, denn sie hat gedacht, vielleicht hat er am Ende Jahwe doch noch umgestimmt. Als nichts passiert, legt sie los und verflucht ihn reinweg, zum leichten Gesumse der Gespielinnen, mit deutlicher, lauter Stimme verwünscht sie ihn in seiner Hurenmutter Bauch zurück. Die Schwertzücker um ihn zücken nicht; dann kommt doch Bewegung, sie wird weggebracht und das Abstechen findet nicht mehr auf dem Vorplatz, sondern hinter verschlossenen Türen statt; Gott ist das nicht ganz genehm, er ist ein Herr des Öffentlichen.

Die Gespielinnen dann, noch für Minuten mund- und bewegungsfrei, im Chor wie gelernt:
Unverheiratet zu sterben, wie wenig schad´!
Dem Mann geopfert sonst, so oft er will!

Und der Kehrreim immer wieder, bis zur Trance:
Körper weiche, Seele fleuch!
Hohn ist uns, Hohn sei euch!

Sie sollen sich alle, Tochter und Mägde, so schamlos verhalten haben — wurde später erzählt - weil sie gemerkt hätten, es ist eigentlich kein Jenseits für unsereinen, keine Vertröstung darauf und ebenso wenig Drohung mit Extra-Strafen. So nähme das Ganze hier ein unrühmliches Ende, wenn nicht die Mutter von Mechulah wäre. Natürlich wurde sie bisher nicht erwähnt; Frauen sind ja Mannesbesitz und unter Wortverschluss. Bringen wir sie aber wieder einen Textaugenblick lang ins Leben mit den vier Möglichkeiten:

Sie kauert in einer Ecke und ist fortan ein Balg in einem Sack.

Sie ist ein bisschen verrückt. Summt vor sich hin. Das Leben ist dumpf/ Ich bin stumpf/Mein Mann ein Lumpf/Ich bring ihn umpf.

Sie will die Tochter gerochen haben und vergiftet den Mann ganz langsam, mit Datura, dem Stechapfel, und den verrückt machenden hebräischen Dudaim, unsrer Mandragore.

Sie hat sich verkleidet in die Berge begeben, zu sehen, wie die Mädchen lebten. Und flieht mit ihnen weiter. Oder kehrt auch souverän nach Mizpa zurück, zu sich selbst gekommen.

Oder sie lässt sich von den Gespielinnen endlos immer wieder erzählen (von einer nur vielleicht). Ach, gestrenger Richter Jiftach, lass mir diese eine nur, dass sie mich ergötze. Und sie erzählen ihr, wie die Tanz gewordene Tochter Mechulah immer mehr sie selber war in den Bergen, dass von ihr jetzt noch ein bisschen um sie selbst sei. Dieser letzten Gespielin ist es dann anheimgestellt, ihr die Wahrheit zu erzählen oder sie ihr zurecht zu erfinden.

Wie hier getanzt wird. Den neuen Reigen anzudeuten. Und in Zeilen den Ruhmes-Raum, das Heroon der Geopferten abzustecken, die von keiner Artemis in letzter Minute ersetzt wird durch eine Hirschkuh, wie bei Iphianassa, der Homerischen Iphigenie. Die Griechen der historischen Zeit verabscheuten Menschenopfer, ja selbst von Mädchen, von ungebrauchten; sie bauten sie in keine Heilige Schrift ein. Ein Grieche hätte davon in einem Hafen der Philister erfahren können und wäre in die Berge von Tob gegangen. Dort die Tochter Jeftach mit Schweigen zu ehren, mit Summen zu büßen die Vateruntat in Mizpa. So träumt manch einer dann vor diesem Tamburin im Museum, gleich stark gespannt seit Jahrtausenden. Für den Tanzplatz der Tanzplätze, machol ha-macholot.

HUREN BIS ZUM HEUTIGEN TAG

VON DEN BEIDEN
FESTEN IN SUSA

Aber die Königin wollte nicht kommen nach dem Worte des Königs durch seine Kämmerer. Da ward der König sehr zornig und sein Zorn entbrannte in ihm.

Esther 1

Ein großes Fest war im Palast von König Ahasveros in Susa, getrennt für Männer und Weiber, und es dauerte schon sieben Tage, und am siebenten Tag der Männer, da der König gutes Muthes war vom Wein (des er sehr genossen hatte von allen Landen seines Reiches) und keiner konnte noch eine halbwegs sinnige Geschichte erzählen unter Männern, wie es sich doch gehört, und es war allgemein ein Mangel an Gedanken und die Köpfe waren leere Häfen, da ließ Ahasveros sein Weib Bashti holen, dass er den Fürsten des Landes ihre Schöne zeige, denn sie war schön. Und er wollte, dass alle ihn beneiden und sich vor ihr verneigen als vor seinem Gute.

Und am siebenten Tage des Festes der Weiber, da Bashti für sie ein währendes Mahl hatte machen lassen im königlichen Hause, da ist es anders gekommen. Alle waren gutes Muthes doch nicht vom Wein, des sie wenig genossen hatten und dann nur von der Palme, sondern vom Reden und es ging unter ihnen über dies und das die Rede für und wider und die Gemüther hatten sich davon erhitzt. Da klopfte der Königsbote und verlangte Einlass. Er sollte aber zeigen, dass er ein Eunuche war und er tat es und Einlass wurde gewährt. Und als er im Raum angelangt seinen Ehrenstab hochhielt, vor dem alle sich verneigen mussten, da that es keine und sie lachten, und schwiegen nicht. Der Bote blickte auf seinen Stab, er hielt ihn doch richtig, und wunderte sich und war verwirrt. »Was lässt mein und unser aller Herr ausrichten«, fragte Bashti in einer Lärmpause milde, dass sich der Bote wieder ein Herz fasse. »Du sollst, oh Königin, vor deinem Herrn und Könige (Stab hoch. Lachlach) treten und den Fürsten des Landes (Stab halbhoch) deine Schönheit zeigen!«

»Lass uns einige Blicke des Auges eine Antwort überlegen, setze dich nieder und lege den hübschen hohen Stab neben dich hin«, sagte die schöne Königin und sie befragte die brodelnde Weibermenge: »Soll ich gehen und meine Schöne zeigen?« Es kicherte anfangs. Als sich das Kichern in ein Höhnen gewandelt und wieder gelegt hatte, fragte eine laut: »Wem zeigen? Den Böcken da?« »Den unreinen Tieren mit ungewaschener Scham?« lachte eine andere. »Den Schrumpfhirnen gar«, löcherte eine dritte und das Wort »Schrumpfhirn« ging durch die Menge wie eine leichte Welle des Meeres auf dem Weg nach Punt.

Und sie bestimmten mit erhobenem Arm, ob sie gehen durfte und es war nein. Der Bote bewegte sich zuerst nicht und seine Lippen gaben keinen Laut. Lies deinen Ehrenstab auf (und bei »Stab« verneigte sie sich zum Lachen höflich), sprach Bashti, und geh! Und der Bote wurde nur tüchtig ausgelacht und man trachtete ihm nicht nach dem Leben und ließ auch nicht das eine Auge ausstechen, wie es sonst bei abschlägigen Hohnantworten üblich war, dass der Bote zurückfinde nach Hause und mit ihm die Schmach (»Wir sind ja keine Furien, kleiner Bote«, säuselten sie neben ihm her) und verschnitten war er schon. Sondern sie schnitten ihm nur den unteren Bord des Kleides, so dass man seine Knie sah, und siehe, sie waren knorrig und flößten nichts ein.

Bashti ließ also ausrichten: Nein. Nach dem Wort des Königs wolle sie nicht kommen, sondern nach ihrem eigenen nur, und dem ihrer versammelten Vertrauten handeln.

Der Bote lief bald wieder in den Palast der Männer und alle sahen seine bloßen Knie und die Knorren daran, und wunderten sich und erschraken darob. Denn es war sichtlich von Frauenscheren verübt worden. Ahasveros erzürnte sehr, als der Kniemensch berichtet hatte. Er hieß sofort die Schreiber kommen, auf Schwielen-Knien und ließ ein Gesetz setzen und befahl den Knechten, dass sie die — jetzt nur noch gewesene — Königin des Hauses verweisen und mit ihr, die mit ihr gelacht hatten; und es waren alle. Und sie durften nichts mitnehmen, auch nicht den kleinsten Mörser zum Schminken. Und er gab ihnen Hütten vor der Stadt, wo sie verderben sollten und dahinhuren. Und nahm sich eine neue Königin, die Esther.

Und einmal am Tage, bevor ihnen durch königliche Milde eine Brühe gereicht wird, sollten sie vor ihre Türen treten und im Chor singen, was im Gesetz stand: »Ein jeglicher Mann sei Oberherr in seinem

Hause«. Und sie sangen es bald mehrstimmig und mit immer mehr melodischen Varianten, dass man den Sinn nicht mehr erkannte vor lauter Schönheit.

Und aus ihnen wurden Huren bis auf den heutigen Tag; dann heirateten sie doch wieder, eine nach der anderen, und die Sprache verjüngte sich und die Worte des gesungenen Gesetzes verstand keiner mehr, und keine. Und es kamen andere Zeiten und aus jedem Weib ward eine Königin, nur erkannten es manche Männer lange noch nicht, und Las Vegas blieb ein anderes Susa eine Zeitlang noch.

Die Bashti ward im Schrieb der Schriebe nicht mehr erwähnt, ihr Name ging in »Huren« unter, das jetzt tausendfach die anbetungsbestimmten Seiten des Buchs schmückte. Doch sollen sich einige heute noch ihrer erinnern. Statt der Esther, der gefügigen.

KLEINES MONUMENT
FÜR EINE UNBEKANNTE

DIE KEBSE R 19

*Da fasste der Mann sein Kebsweib und brachte sie
zu ihnen hinaus, die erkannten sie und zerarbeiteten
sich die ganze Nacht bis an den Morgen, und da die
Morgenröthe anbrach, ließen sie sie gehen.*
Richter 19, 15

Noch einmal verfallen die Männer auf den Trick von Lot vor den Sodom-Leuten: Das Weibmaterial hergeben, um Zeit zu gewinnen und damit Männer nicht zu Schaden kommen. Die ersten Piloten warfen Ballast, um über die Anden weiterzukommen; Alpinisten auch kurz vor dem Gipfel; und die Tschechoslowakei gab man auch her. Der Levit, von dem bei den »Richtern« die Rede ist, tut es auch. Liefert sein Kebsweib her (er hat sonst nur Esel und Knabe bei sich und sie sind wohl nicht ausliefernswert), damit er in Ruhe am nächsten Tag seines Weges ziehen kann; es ist sowieso Abend, die Stunde der Feigheit.

Die anderen Benjaminiten aber — anders als Lots Mitbürger, die auf den Trick nicht verfielen, sondern den Engeln weiterhin an die Haut wollten — werden gerne Freier statt Mobber, allerdings lieber an einer Fremden; sie lehnen die offerierte Tochter des Gastgebers ab und erkennen das Weib, jeder nach seiner Art, ja sie »zerarbeiten sich« die ganze Nacht und lassen sie erst gegen Morgen gehen. In der Frühe kommt sie nur bis zur Tür des Hauses gekrochen, wo der Levit sich versteckt hält, liegt dann da, ihre Hände auf der Schwelle. Der Levit kommt heraus, ach, guck, was haben sie aus meiner armen Kebse gemacht. Er fragt, wie ist dir, Weib? Sie antwortet nicht (sie ist eh tot, aber Spannung muss sein und das Buch lässt es nur ahnen, große Kunst). Woraufhin er sie auf den Esel legt und geht mit dem Knaben an der Seite von dannen. Und ist sehr verstimmt, dass sein gutes Kebsweib nun außer Betrieb ist.

Er rächt sich, denn das sind keine Manieren unter Männern einer Rasse. Nun ist er sicher gelernter Entknocher, sonst schaffte er das nicht: Er schneidet sie in zwölf Stücke, eins für jeden der Stämme und schickt es ihnen, dass sie bittschön was tun. Wieso übrigens zwölf? Benjamin braucht keins, es ist ja der Täterstamm. Und für den eignen ist es noch weniger nötig aufzuhetzen gegen die Schwächer da. Auf jeden Fall, schlachten soll man die Schurken einfach: Vorhäute sammeln ist nur bei erschlagenen Philistern beweis- und rechtskräftig und Daumen abschneiden tut man lieber an Königen. Ich will Fakten sehen, hat Gott wohl gesagt. Viele von den Benjaminiten fallen, die Überlebenden dürfen sich aber dann doch irgendwie anderswoher wieder Weiber holen, am besten sie bei der Weinlese in Siloe rauben. Auf dass der Reigen von vorne anfange.

In späteren Zeiten wurde der Spieß umgedreht und bei dem Satz »Frauenzimmern zuerst die Ehre« ging es nur noch um Höflichkeit. Und jemand schlug sogar vor, ein kleines Monument zu errichten: Ein Schwellenstein allein, mit den Worten, eingemeißelt:

»Die Finger auf der Schwelle«.
Buch der Richter 19

Gewissermaßen ein Denkmal der Unbekannten Kebse wie es Albrecht Dürer in seiner »Unterweisung der Messung« einst skizzierte, nie ausgeführt, für die besiegten Bauern.

COSBI UND SIMRI

DER KLEINE
HERR PINEHAS

Auch unter dem Titel zu finden
ALS DES PINEHAS TATH RUCHBAR WARD IM LAGER

*(…)und durchstach sie beide, den Israelitischen
Mann und das Weib, durch ihren Bauch.*
4. Mose 25, 8

Das Erste danach: war ein Wort. Das Wort »zusammen«. Es lief durch das ganze Lager in der Ebene und hörte auch nicht an den Bergen auf. Die einen sprachen es aus wie Richter, die den Bann sprechen über einen (oder zwei wie in dem Vorfall); die anderen wie Gerichtete, die sich an einem, ihrem letzten Wort aufrecht halten. Viele schwiegen auch einfach und reichten das Wort im Kopfe weiter. Und das Wort zog sich hin und lagerte im Lager: »zusammen«.

Als die »zusammen«-Welle einigermaßen verebbt war, ging es an den Spieß. An die Spieße eigentlich. »Ach, ihr Männer, mit euren Spießen! Dass ihr immer rumbohren und spießen müsst!« und die das sagten, waren alte Weiber und nickten mit dem Kopf.

Es waren aber etliche Jungweiber da. Die hatten einen steifen Nacken und widerstrebten. Das kommt, sie waren ausgebildete Prophetinnen, fanden aber keine Stelle, außer als Double, und die Galle auf der Zunge war ihnen nicht wenig. Eine entschied und rief aus: »Ihr müsst berühmt werden, Cosbi und Simri (denn so hieß das Liebespaar, das von Pinehas umgebracht wurde). Ich sag es euch, berühmter als eines Tages Romeo und Julia!«. Das war aber voreilig gesagt. Und nachgeholfen werden musste ein wenig.

In den Gerüchten des Lagers wurde auch recherchiert. Unauffällig, wie nach Reisig für das Feuer. Der Pinehas hätte nicht im Affekt gehandelt; man hätte nämlich observiert, wie er die Spitze seines Spießes im Lagerfeuer gehärtet hätte, ehe er in den Hurenwinkel ging. Und keine von denen hat keiner anderen sagen können, ob die beiden Liebenden aufgeschrien hätten, weil der Aufschrei sowieso in seinen, des Pinehas, Wut-, Hass- und Schimpftiraden untergegangen wäre. Aber viele waren der Meinung, dass die beiden schlafend übereinander gelegen hätten und hätten ihn nicht kommen hören. Und dies wäre ein Beweis für tiefe Liebe. Das Wort »Liebe« musste dabei in vereinzelten Zelten noch einmal erklärt werden. Es war ein guter Anlass. Das Wort »Leidenschaft« käme später, für Fortgeschrittene. Wär sowieso zu vertrackt und nah an »Gewalt«.

Bis an die Zippora kam die Sage und sie erschrak nicht wenig, denn sie war Moses' midianitisches Weib. Und dachte, es möchte ihr Verderben sein. Sitzend am Feuer und mit einem kleinen Stock in der

Glut stochernd, sann sie und sprach: »Ach, Moses, liebster Herr und Gebieter, lass dein Volk einfach alle Spieße sammeln und ein Opferfeuer machen und sie dem Herrn räuchern. Dass fürderhin unsre und Gottes Feinde und Verderber nur noch in Scharen und über die Klinge springen müssen und wir sind alle dabei, aufgehend in der Gruppe. Keine geschmacklosen Persönlichkeiten, was meinst du, Moses?« So wollte sie ihr Leben retten und es geschah auch so, denn Gott sah einen Augenblick weg und es war der richtige Augenblick, und Blutsbande waren wie Nebel in der Sonne. Und sie durfte sich schützen mit einem Leichenberg.

Allein draußen, im sogenannten Hurenwinkel — denn Simris Stamm wollte nicht, dass er fremdgehe unter seinem Zelt und hure unter seinem Dach und die beiden fanden erst dort, am Abend vor der Tat, ein Lager — Simri und Cosbi lagen schon einige Zeit und ihr Fleisch verdarb, des einen wie der anderen. Die Ältesten kamen zusammen und fragten: »Was tun wir mit den Balgen?«

Indes hatte der Pinehas nach zwei Stunden seinen Spieß aus den Leibern herausgerissen und in der Glut gereinigt. Hatte ihn abgestellt in der verborgensten Ecke des Gebälks über dem Eingangspfosten. Und sann vor der Tür und drehte am Wort »Entsündigen«, dem in diesen Büchern oft vorkommenden.

Die Ältesten aber hatten herbeigebetet, dass die Erde zerreiße und sie beide verschlinge wie bei der Rotte Korahs. Aber nichts geschah. Dann kam aber von den Huren eine Gesandtschaft und bot sich an, die beiden Balge wegzuschaffen (und meinte, bestatten). Darob erfreuten sich die Ältesten und gewährten das. Und es geschah also und sie wurden gewaschen, gesalbt und irgendwo im Hurenwinkel bestattet. Und ihre Grube war zwischen Bettstätten, denn der Platz war knapp und keiner weiß bis auf den heutigen Tag, wo sie sind.

Die Ältesten kamen und freiten und hätten nebenbei gerne gewusst, wo das Grab sei. Aber die Huren entwichen in ihrer Rede und kam ein jeder unverrichteter Sache in das Lager zurück. Ein Schweigen umhüllte die beiden, ein wissendes, und war das schönste Grabmal dieser Zeiten. Ein Kopist übernahm die Stelle doch und hätte nicht sollen, denn Moses kam schlecht weg und ein Führer geht nicht fremd.

So ging das Leben weiter im Lager. Die Männer schimpften ihre Frauen Midianiten, wenn sie schlechter Laune waren. Und die Frauen ließen es sich nicht nehmen und beteten zum Schein zum Jux-Gott Amok, den es bekanntlich nicht gibt und riefen aus der Küche:« Oh Amok, mach, dass sie herunterstürzen von ihren Rossen und dass die Naben ihrer Streitwagen zerspringen!«

Über Pinehas, den Peiniger und Reiniger, ward kein zweiter Vers geschrieben und als er, nur sechs Jahre geherrscht habend, starb am Spieß der Zeit, wuschen und salbten ihn die Frauen großzügig lächelnd.

HABET EIN BESSERES LEBEN!

DIE MORITAT
VON MIDIAN

*Wie leicht Mose der Sieg über Midian fällt
und was sich bey der Gelegenheit hinterher
wahrlich zugetragen und getreuwlich passiert*
        4. Mose 31 (ausführlich geschildert)

Siegeszug kaum zu Ende und alle mannbaren Männer von Midian schon über die Klinge gesprungen, Moses doch böse sehr. Er schäumt: »Warum habt ihr alle Weiber leben lassen?« Was der Pinehas an einer machte, hätten die doch an allen andren machen können und müssen! Abhilfe muss sein.

Es muss also weiter sortiert werden, merken sich die Basis-Sieger. Erst den Frauen die männlichen Kinder weggenommen. In gebrochenem Midianisch dabei den Prozess erklärt: «Die ihr nix sehen mehr». Damit sie sich keine falschen Hoffnungen machen, ein Stück Hilfe auch für die, wenn man bedenkt. Klare Verhältnisse.

Der weibliche Rest jetzt, von selber dicht aneinander gepresst, flüstert und schweigt abwechselnd. Ihrethalben wird dieses Mal innoviert: »alle Weiber, die Männer erkannt und beigelegen haben«, die erwürgt ihr. Aber »alle Kinder, die Weibsbilder sind und nicht Männer erkannt haben, die lasst ihr leben«. Nein, es heißt »lasst ihr für euch leben«. Viel Dienstpersonal auf einmal: 32 000 einerseits, 16 000 anderseits, alles wird peinlich aufgelistet. Wie sie auf die runden Zahlen kommen? Keine Kunst, ihr schwächt einige von den jungen, die dürfen dann zu der Rotte der gestandenen Weiber, sind Erwachsene auf einmal. Alles schweigt in dem neu zusammengesetzten Haufen der Frauen, bevor es ihnen an die Gurgel geht. Eine reißt aber den Vorhang der Furcht weg und ruft zu den Mädchen hinüber: »Habet ein besseres Leben!«

Den Satz werden die Mädchen-für-alles rufen, einander zu und sich selber, weiterrufen von Hinterhof zu Hinterhof oder über den Viehpferchzaun und am Brunnen beim quietschenden Seil.

Als die Zeit der großen Rufe lange schon vorbei und ein Schweigen nach dem anderen vorbeigezogen ist, denken welche noch: ein besseres Leben, das wollen wir doch haben. Das hält sie aufrecht und sie bringen ungeahnt die ganze Bibel, die vielbändige, auf den einen kurzen Heischesatz zusammen.

DIE VERSTOSSENEN FRAUEN

FREMDE WEIBER, FREMDE ZEITEN

Esra 10, passim

Das 10. Kapitel des Buches Esra wird überschrieben: »Die fremden Weiber werden von den Israeliten abgesondert«. Große Bestandsaufnahme all derer, die einwilligten und Weiber und Kinder hergaben, um rein neu zu heiraten. Nur die Fälle aus der Elite werden dabei erwähnt. Es wurden hundert und neun bessere Ehen geschieden. Dazu brauchte man zwei ganze Monate, notiert Esra wie immer sehr genau; wohl, um bei den Betroffenen Überzeugungsarbeit zu leisten. Wie viele von dem niederen Volk auch geschieden wurden, wird nicht gesagt. Und was wurde aus den vier Männern, die sich öffentlich dagegen erklärten? Lasst uns der Namen gedenken: Jonatan, der Sohn Asaels und Jachseja, der Sohn Tikwas sprachen gegen diesen Vorschlag; Meschullam und der Levi Schabbetai unterstützten sie. Ich denke an die Einsamen, die trotzdem zeugten, an Karl Liebknecht, der als Einziger von dem ganzen Reichstag gegen die Kriegskredite 1914 stimmte und 1916 ins Gefängnis musste. Gingen die vier mit ihren Frauen in die Wüste fremder Stämme.

Im später zurückgenommenen 11. Kapitel heißt es: Von den verstoßenen Frauen ließen sich wenige vor der Stadt noch fallen im Straßengraben bei dem Schindanger und hockten da, nicht essend nicht trinkend, bis sie umkippten kopfüber und sieh, sie waren tot und keiner wollte sie vergraben. Allein der Schinder tat das gegen ein kleines Entgelt, vom »Vogt über die Schande« überreicht.

Einige zogen weiter, doch nicht bis zum nächsten Brunnen, sie töteten die eigenen Kinder an der Brust und stürzten sich mit den kleinen Leichen vom schroffen Felsen, an dem der Weg seit jeher geht. Und man erfuhr es erst im nächsten Frühling, als die Ziegen in dem Talgrund weideten und die Hirten waren hinter ihnen her. Aus einem der Bälge wuchs bereits ein Strauch; in den Jahren darauf erzählte man, dieser sei unverwüstlich. Doch keiner wollte näher hingucken. Denn ihrer aller Wahrheit war lückenhaft.

Einige weitere erreichten den Berg, versteckten sich dort, aßen wilden Honig und Heuschrecken wie später Johannes, verendeten aber auch später im Herbst. Immer nach dem Bericht der Ziegenhirten. Doch wurde an dem kleinen Finger eines jungen Hirten ein Weibesring gesehen. Totschlag oder Brautgang? Hirten sollen gerne erfinden, heißt es.

Etliche spärliche erreichten ihre frühere Heimat, offene Dörfer und feste Städte, wo die Männer sie früher genommen oder gekauft hatten (ein wib koufen sagte man im Mittelalter noch). Doch sie kamen dort über keine Schwelle. »Wir kennen dich nicht mehr. Wer bist du denn überhaupt?« Und »Schande über uns, dass du verstoßen wurdest, und Schande über dich! Hast du denn nicht genug gezeugt, genug gekocht, genug geherzet und gelecket?« und sie jagten die Hunde auf sie und sie mussten weg bis vor die Stadtmauer und den Dorfkraal. Nur einer von den Hunden erinnerte sich homerisch an eine früher Wegverkaufte und roch friedlich an ihr, sie legte kurz ihre Hand über seinen Kopf, doch die übrige Meute erinnerte ihn an seine Vergesspflicht und er fiel wieder ins gemeinsame Bellen und Zähneblecken. Sie hockten also in der Vorstadt bei den Huren, doch eine Nacht nur, denn diese wollten keine Nebenbuhlerinnen bei sich dulden mit dem Geschmack des Halbfremden noch dazu.

Sie zogen weiter in die Wüste, wo es keine Männer mehr gibt und Propheten schon gar nicht, welche von Männerohren leben, keinen Gott, keine Bräuche, keine Reinheit. Sie hatten noch drei oder vier kleine Kinder bei sich, Töchter zwar, denn die Söhne waren vorher schon von Josuas Männern entfernt worden, doch war dies ein Beweis, dass sie noch zeugen konnten.

Sind die Kinder später groß geworden? Fand sich ein junger Kamelhirte, der ihnen das Überleben in der Wüste beibrachte? Mütter und Kinder ließen auf jeden Fall keinen Altar aus gesammelten Steinen hinter sich zurück, wie die Männer eben durch die ganze Schrift pflegen. Denn sie opferten niemandem und ihre Spuren waren leicht und leicht verweht. Was darüber geht, wurde von einigen Müttern rechten Blutes weiter gesponnen, die mit dem Verstoß der Verstoßenen nicht einverstanden gewesen waren, es aber nicht zu sagen wagten.

Sogar einige ihrer Namen wurden behalten und weiter tradiert. Personennamen. Weiblich-mündlich wie diese ganze Geschichte. Oder in den Himmel geschrieben und in die Sterne. Luther hat die Stelle unverständlich übersetzt, aber Esra muss sie doch nennen: Jonatan, der Sohn Asaels und Jachseja, der Sohn Tikwas sprachen gegen diesen Vorschlag; Meschullam und der Levi Schabbetai unterstützten sie.

Nachtrag: das zehnte Buch ist ein Gräuel; es enthält aber einen Satzteil, der die Tragik der Situation verdichtet. Die versammelten Männer, die über die Verbannung der Frauen und Kinder entscheiden sollen, werden dargestellt als »zitternd wegen der Sache und des strömenden Regens«. Das Gemischte mitten im Trennenwollen.

DAVID UND DIE ZIKLAGERINNEN

BEUTE AM FLUSS

So gewann David alles zurück, was die Amalekiter genommen hatten, auch seine beiden Frauen, und es fehlte nichts, weder klein noch groß, weder Söhne noch Töchter noch Beute noch alles, was sie sich genommen hatten; David brachte es alles zurück und nahm die Schafe und Rinder, und sie trieben das Vieh vor David her und sprachen: Das ist Davids Beute.

1 Samuel, 30

Als die Weiber aus Ziklag von den Amalekitern weggeführt wurden und die Stadt verbrannt war, weinten die männlichen Ziklager ihnen nach, »bis sie nicht mehr weinen konnten«. Weinten die Ziklagerinnen auf dem Weg in die Berge auch? Mütter wie Töchter? Von den Wächtern belächelt oder bemitleidet? Der Weg, auf den David sich machte hinter den Amalekitern, war trocken, oder wieder trocken und von Sturzbächen des Schmerzes war keine Spur. Mehr?

David also holte die Frauen den Männern wieder durch einen ägyptischen Überläufer, den er aufpäppeln hieß. Damit Beute wieder Besitz wird und umgekehrt. Und so kam es: alles war wieder da. Da habt ihr eure Weiber, Frauen wie Töchter, wieder. Jede zu ihrem.

Haben sich die Frauen denn gefreut, mit einer amelikitischer Zither etwa, oder einfach großküchengemäß-balkanisch mehrstimmig? Oder war es ihnen im Grunde gleich, wes Kebse sie sind und kann Abwechslung eigentlich schlimmer sein? Aus dem Haus dürfen, hatten die geflüstert, je zwei zu zwei in der Staubwolke des Raubzuges. und lachen jetzt bös und bitter. Ach das traute Ziklag wieder! Und die vier Wände erst! Und legen wieder. Und getreten werden. Und gerupft. Und gebraten. Oder wollt ihr, dass wir vor Freude schluchzen? Stimmung also unklar.

Unentschieden wohl die Frage, spricht der Herr, Herr. Und die Schreiber wollen es in die Chronika schreiben und spitzen das Rohr schon. Doch ein Priester fällt ihnen da in den Arm: Nein, wir entscheiden vorerst, was Gefühl ist, was Gedanke; alles Verborgene ist des Satans. Und rührt doch, befiehlt er ihnen, die Tinte rastlos-ruhig weiter, dass sie nicht trockne. Und spuckt ruhig nach, dass sie nicht verdampfe, ihr Schreiber, für das Schreibwichtige. Draußen am Fluss wächst das Schreibrohr von früh bis spät. Eine Tat wie die andere. Fast. Die Schreiber denken sich ihrs. Doch ihre Rolle schweigt.

WEM DIE NINIVITEN LESEN?

DER WEISSE WAL

Der Prophet Jona, passim

Ich habe einmal in Tadoussac (in der kanadischen Provinz Québec), am Eingang zum Saguenay-Fjord, erwartet, dass aus einem Weißen Wal ein Prophet herausgespuckt kommt. Ich habe auf ihn gewartet, wir alle, ohne es uns gegenseitig einzugestehen. Die Lufttemperatur lag bei fünf Grad, das Wasser war ebenso kalt, Wind gab es auch, eisiger aus dem Osten, und in den Schlauchbooten zitterten unterkühlte Öko-Touristen. Frauen auch dabei. Keine Bibelfesten unter ihnen, aber wer hat nicht von Jonas gehört und geträumt, wie es denn im Rippengewölbe sei?

Zwar ist ein Prophetendasein nicht so leicht, und man versteht, dass sich Jonas einmal schon gedrückt hat und den Auftrag Gottes, die Niniviten auf den rechten Pfad zu bringen, bedachte, und sagte: wo Ninive ist, bestimme ich. Oder sogar Gott einspannt und gesagt: Ninive ist überall. Schifft sich ein mit wehenden Ärmeln und flott geschürzt, in Japho/Jaffa (der Orangen noch nicht ahnend). Und segelt Richtung Tarschasch/Tarsis, das ist Andalusien und dort kennt keiner Ninive. Von dort hätte er natürlich auch weitersegeln können und Ninive hintenherum auf dem Landweg anpeilen über die Festländer und ihre Wüsten. Wie Kolumbus mit seinem Indien.

Wäre der Wal nicht gewesen, der alle Drückeberger abfängt, und einen Rachen hat, weit genug für ein schlechtes Gewissen. Und der Sturm auch, der immer vor dem Wal kommt in den Geschichten und mächtig Gedanken, Worte und Bilder aufmischt. Drei Tage dann Jonas im warmen Bauch. Das ist nicht viel schlimmer als drei Stunden im kaltnassen Schlauchboot. Denn ein Prophet weiß, er braucht doch nur den einen Psalm in der Wärmestube des Wals wieder und wieder zu singen. Falsch und falscher. Am Ende muss ihn der Wal ausspucken. Und die See ist ruhig wieder. Und eine Küste ist.

Hinterher in der Kneipe in Tadoussac, vor einem Glas Grog, versuche ich das Trauern der Niniver nachzuvollziehen, denn die anderen Öko-Touristen erinnern sich an keinen Wunsch mehr, einem Propheten zu begegnen, und von ihren Handys erzählen sie jetzt der Welt, wie kalt es sei und ob es zu Hause etwa kälter sei, und die Reise habe sich dann doch gelohnt. Inzwischen geht das Großtrauern in Ninive auch ohne Propheten weiter und noch nie hat man so getrauert. Und gefastet. Gott sagt: »Es soll weder Mensch noch Tier, weder Ochsen noch Schaf etwas kosten.« Er sagt auch: »Und sollen Säcke um sich hüllen, beide, Menschen und Tiere.« Das ist ein starkes Stück, meint manches Tier und ist nah dran, vor Säuernis und Ärger das Denken zu erfinden. Und die Frauen denken, jede für sich: müssen wir denn extra trauern? Ist das nicht unser tägliches Brot? Egal: bald ist keine Faser Jute mehr aufzutreiben, und die Hauerleute im Hafen am Fluss sind reich, und die Asche ist auch alle. Man führt sie ein aus anderen Städten, damit weitergebüßt werden kann.

Und immer mehr Menschen rasten aus, welche wollen sogar Gott übertrumpfen, und lassen auch die Pflanzen mittrauern und büßen; die Gummibäume in den Schreibstuben werden mit noch teurer gewordener Asche bestreut und jeder Kohlkopf kriegt sein Säckchen aufgestülpt. Gott sagt aber am Ende gütig: Halt! »Da reuete es ihn des Übels, das er geredet hatte.« Das Spiel ist aus; ich erlasse euch euren Starrsinn und Weichgepoltertheit.

Das verdross Jona gar sehr. Er gönnt Gott das Vergeben nicht. Bei Unbeschnittenen. Er hätte so gerne die Rauchsäulen über der Stadt aufgehen sehen. Er schmollt, allein Gott fährt ihm in die Parade. Den Kürbis, den er nachts über Jonas hatte wachsen lassen, dass er Schatten gab über sein Haupt, lässt er erst mal eingehen. Und gibt ihm den Rest, indem er ihn mit einer Frage entlässt: Ist denn das Leben von hundertzwanzigtausend Menschen nebst ihren Tieren nicht wichtiger denn der Kürbis eines Hebräers? Die Frauen neben mir am Saguenay-Fjord nikken zustimmend.

Ich glaub, das Buch Jona ist wohl das kürzeste unter den Heiligen. Auch das einzige, das mit einem Fragezeichen endet (Gibt es Zeichensetzung denn überhaupt im Urhebräischen? Oder im Griechischen der Septanten?). Und uns auch entlässt es in der Schwebe des Fragens, wie beim letzten Takt der Tangomelodie da unten in Tarschasch/Tarsis. Oder »im Walfisch zu Askalon«.

Man hört gern Gott fragen, sagen die Frauen, mit den Fingern um das noch heiße Grog-Glas. Sich, ergänzt eine zweite. Und damit uns, eine dritte. Die Brut der Meinungen dann. Mannsgarn verwickelt.

WOCHENWEISE LIEBE: DAS LEBEN VON LEA

LIEBE STAMMELND

1. Mose 29-31, passim

Einer, Jakob, will von einem Patriarchen, Laban, die jüngste Tochter, Rahel. Für deren Besitz muss er zuvor sieben lange Jahre arbeiten und er tut es gern, denn es dächte ihn, es wären einzelne Tage, so lieb hatte er sie; aber dennoch kriegt er vom Vater, unter dem Schutz der Dunkelheit, dessen älteste, Lea, untergejubelt (»Des Morgens aber, siehe, da war es die Lea«). Will die jüngere, die »richtige« dann doch gerne dazu haben. Und zwar die Woche drauf. Auf Kredit und zum Abbezahlen muss er dann sieben weitere Jahre schuften. Das geht auf. In seinem Kopf Söhne, Söhne, Söhne in Aussicht und Herden, dass es einem das Zählen gar verdross. Das Ganze sah dann im Einzelnen so aus.

»Halte mit dieser die Woche aus, so (…)«. Und Jakob hielt die Woche aus. Bei Lea, bei der, die »ein blödes Gesicht« hatte. Hat sie das gewusst übrigens? Wohl. Dazu waren ja die anderen da statt des Spiegels, derer es noch keiner war. Und man musste ihnen glauben. So nahm sie sich auch sehr in Acht die ganze besagte Woche, die Zeit des Aushaltens. Sie wachte bei Jakob die Nächte ganz und das Feuer hatte sie ausgetreten. Des Tages schlief sie die meiste Zeit den verdienten Schlaf unter dem Blöken der Lämmer und hielt ihren Kopf in der Armbeuge versteckt, dass man die Blöde nicht sehe. Auch ließ sie sich am öftesten von der Seite sehen, denn da »schwächte« ihr Blick den des Mannes nicht und er fand sie erträglich und einen Charakterkopf. Und sie beließ es dabei in solcher spiegellosen Zeit. Der Brunnen war sowieso viel zu tief, als dass man hineinsehen mochte und sich selbst finden; und die Tränke, sie trübte sofort jedes hineingegossene oder herausgeschlürfte Wasser. So glaubte man viel, wusste wenig und handelte danach.

In der zweiten Woche widmete sich Jakob Rahel ganz und sog ihr Gesicht in sich und konnte sie auch bei Tageslicht begatten. Die dritte Woche übergeht die Sage, doch heißt es, die beiden sahen da wortlos zu, wie das Hirtenmännchen seinen Mantel um sich zusammenraffte, sich darin hinlegte und allein schlief und durch.

Beide hatten empfangen, doch nur eine gebar. Eine »Empfängnis«, wenn man will, doppelt »befleckt«. Und sie war keine Sache des Gesichts. Lea kam dann in die Wehen, noch und noch — und Rahel immer noch jeder Frucht ledig. Aber am Ende sind doch sechs Söhne da, auf unterschiedlichem Sand oder Bast gezeugt. Vier an einem Stück von Lea, dann trumpften beide auf, Rahel und Lea, mit eignen Mägden. Legst du ihm eine unter, leg ich ihm eine! Bilha. Silpa. Aber Lea hat noch ein Ass: Sie erkauft eine Nacht mit Jakob um den Preis der Magd ihres Sohnes Ruben, Dudaim. So teuer nicht, wie es deuchte, denn um die Dudaim hatte sich Ruben nicht abgemüht, war einfach zur

Zeit der Weizenernte ausgegangen und fand sie auf dem Felde und brachte sie heim seiner Mutter Lea. Guck, Mutter, da lag eine auf dem Felde rum, wie Ruth damals, bloß ohne Duft. Behutsam getragen wie ein Kaninchenkleines seinem Herrn der Hund, oder die Katze ihrer Herrin eine sterbende Eidechse, und gekostet hatte sie nichts. Rächte sich Rahel an Dudaim um diese eine Nacht? Wie ein böses Weib bei Charles Dickens? Diese eine Nacht trat Lea das Feuer nicht aus, und nach der Empfängnis sah Jakob sie voll im Angesicht. Denn sie war die eine gewesen, die nach Gads Geburt von der Magd Silpa zu dem Mann gesagt hatte »Rüstig!« Und den Sohn danach geheißen hatte: Gad. Das war der späte Preis. Die Mägde durften die Kinder stillen, sie dann aber weggeben, denn sie waren selbst ein Ding und dingbar. So einfach war das. Das Schluchzen ging auch leicht im Blöken unter. Entzündete Augen sowieso vom Sandwind.

Als dem Jakob genug Söhne gezeugt worden sind, geht es an die Herden. Und da trickste er um die Wette, machte ein bisschen Hokuspokus mit geschälten Pappelstäben, und die Herde soll darüber springen und es kommen nur bunte und sprenklichte Lämmer dabei heraus, die ihm vertraglich zustehen. So ward der Mann über die Maßen reich, dass er viele Schafe, Mägde und Knechte, Kamele und Esel hatte. War die Bedienung auch bunt? Musste sie springen vor dem Decken? So viele Fragen. Die Wüste ist weit; das Gewissen auch.

Krummfingrig der Ehemann, diebisch das Weib. Das beweist Rahel, denn sie und Jakob stecken unter einer Decke. Kaum ist Laban beschäftigt und schert die Schafe in der Ferne: die Schere klemmt, die Wolle stinkt in der Sonne, die Knechte zupfen für sich ab — so zieht Jakob Leine mit Lamm, Kind, Kegel und Esel. Gott hat ihm ja gesagt: mach dich doch davon, dass du das Land deiner Freundschaft wieder siehst. Sicher fallen Späne, denn Laban war ein Gutmensch und mit dem Verkrümeln in der Wüste hat ihm Jakob das Herz damit verwundet, »dass er ihm nicht ansagte, dass er flöhe«. Ab durch die Mitte der Wüste und Rahel lässt auch vom Vater etwas mitgehen, da wird er auch Tränen vergießen darob. Sie stiehlt ihm die Hausidole, die Götzen. Sie hält sie unter der Streu der Kamele versteckt und setzt sich einfach drauf, bevor der Vater das Zelt kontrolliert. Und stellt sich schwach, als hätte sie ihre Tage: »Mein Herr zürne nicht, denn ich kann nicht aufstehen gen dich; denn es geht mir nach der Frauen Weise«; ja dann, denkt Laban. Also fand er die Götzen nicht, so sehr er suchte. Und zog weiter und ist gar hübsch reingelegt worden.

Fest steht im Nachhinein: Lea hat nichts gebrochen, im Auftrag gehandelt einfach. Und mit zunehmendem Alter gleichen sich Frauengesichter sowieso an. Auch gibt es in der ganzen Gegend keine Rinder, was doch etwas unwahrscheinlich ist. Weiter weiß man auch nicht, wann und wo sich Rahel der väterlichen Götzen entledigt. Das wäre eine erbauliche Szene gewesen für spätere Archäologen und Konquistadoren! Aber bringt das nicht auch in bisschen Unheil mit? Wie bei den Pyramiden weiter unten?

Täter und Opfer fallen aber am Ende sich dann doch in die jeweiligen Arme und sie bauen einen Haufen Stein, einen Cairn, einen Montjoia, eine Mizpa. Und das Schönste: Sie essen drauf. Wie die Russen auf ihren Gräbern an Ostern mit ihrem Picknick und mit Wodka. Unter den Steinen das Vergessen, das Betrogenhaben und Betrogenwordensein. Ein Jubeljahr des Geistes sozusagen. Schöner als die Gründung Roms bei Vergil. Nur, dass an der Stelle keine Stadt ersteht.

Da ermüdet schon der Leser etwas und weiß nicht mehr so genau, wer wer ist. Jakob sprach zu seinen Brüdern: leset Steine auf! Sind aber nicht seine, sondern die des Labans. Hauptsache, man feiert und gibt der Stelle einen Namen in beiden Sprachen: bei Laban etwas umständlich Jegar-Sahadutha, bei Jakob einfacher Gilead. Und Jakob opfert auf dem Haufen, der inzwischen ein Berg geworden ist, zieht von dannen. Wüste zu, Neugierde im Sack, Zukommen und Zukunft lösen sich voneinander.

Eine Kapriole am Ende doch noch, dass man all die moralische Bedenklichkeit vergisst. Irgendwann auf dieser Flucht ist plötzlich von Herden nicht mehr die Rede. Jakob nimmt nur die Kernherde mit, zwei Weiber, zwei Mägde und elf Kinder (nicht ganz stimmig: wo bleibt die Dudaim?), zieht über die Furt Iabok. Großfamilie in der Abendsonne. Und er kämpft mit einem unbekannten Mann, der ihn zum Krüppel schlägt, und er muss danach sein Leben lang hinken. Deswegen seziert man bis auf den heutigen Tag eine Sehne aus der Hüfte der geschlachteten Tiere raus: »die Spannader«.

Später im Text fragt sich der Leser: wann ist denn die Lea gestorben? Weil bei Rahel alles klar ist, eine schwierige Geburt noch — von ihr Ben-Oni genannt, »Kind des Schmerzes«, vom Ehemann prompt umbenannt auf Ben-Jamin,«Kind der Freude« — und sie stirbt. Jakob errichtet ihr ein Denkmal sogar, an der Straße nach Efrot, das ist Beit-Lechem. Aber Lea, jenseits von schön und unschön ihr Gesicht jetzt, verflüchtigt sich seitwärts, tief in den Seitenrand; rückblickend erfährt man, sie wurde von Jakob nicht bei Rahel, sondern bei der Mamre-Eiche begraben, wo er später selbst dann ruht. Wo Bilha, Silpa und Dudaim abbleiben, weiß keiner. Ein Rauch waren sie im Garten des Herrn wohl.

IM SCHWARM DER DSCHINNS

DA FIEL SIE VOM KAMEL

1. Mose 24 passim

Die Rebekka hat ja gewusst, dass man auf kein Mannsbild fliegen darf. Sie wusste, was kommt, und hat doch die Augen aufbehalten. Sie hatte schon gesagt »ja, ich will mit ihm«, als der Knecht Isaaks um sie geworben hatte. Und der Künftige kam ihr vor wie ein König in Saba. Und sie sprach für sich laut in Worten der Liebe, und die Knechte und Mägde, die da mit der Karawane zogen, hörten sie und gedachten ihrer, denn sie war ihnen wie ein Hauch vor der Morgenwache. Und wollten diese Worte später an den Brunnen weitergeben und enteilen lassen, doch der Hausvogt, der mitzog, band ihnen die Zungen und sagte, es käme nicht in Frage.

Der Worte etliche waren aber schon gesprochen und sie machten alle Wüsten lang ihren Weg durch Lipp' und Hirn. Aus Neid darob und als ein Widder-Hall und Bocksgesang davon entstand viel später das Hohe Lied Salomos. Doch zunächst stand der »Fall vom Kamel« da und die Gefallene sang den »Gesang vom Fall« und der war liederlich genug, und die Knechte wunderten sich ob ihrer Herrin Rede, und die Mägde frohlockten und summten mit zwischen den Zähnen zu dem Lied, das da kam über die Lippen und zu den Ohren. Von dem Gesang sind nur etliche Bruchstücke erhalten, einer schrieb sie auf und zu dem Behuf sind die großen Buchstaben sogar erfunden worden, heißt es.

»Man hatte mir schon auf dem Weg zu ihm den Ring an die Nase gelegt und die Spangen an die Handgelenke, und ich ward in seine Macht gegeben, doch musste ich selbst mich in die Liebe tun mit Kraft und Ohnmacht. Denn mein Liebling ist wie ein Rehbock im Schwarm der Dschinns. Seine Natur ist ein Turm am Berge Libanon; sie ist ein Pflock mit zwei Schellen für Lämmer. Mein Geliebter ist ein Seeadler über dem fernen Wasser. Und seine Lippen nippen an meiner Quelle und sie wird nie mehr versiegen in der Dürre des Herzens. Seine Brauen sind zwei Wacholderbüsche am Hang. Sein Mund ist eine Prachthöhle. Den Küssen eine Wanne, der Wonne eine Tränke ...« Aber da bricht das Lied ab, denn just in dem Augenblick kam die Karawane bei dem Brunnen Lacha-Roi an, und Isaak kam auch vorbei: »Und Rebekka hob ihre Augen auf, und sah Isaak; da fiel sie vom Kamel«.

Das Kamel hatte sich all das unterwegs ruhig angehört, es schiffte zunächst ausruhend in der Wüste, roch dann an seiner Passagierin am Boden und grunzte abwiegelnd. Diese stand jetzt auf den Füßen und sah vor sich — einen Mann wie die anderen. Und sah hinunter auf die Spangen an den Handgelenken. Und vorbei am Ring an der Nase. Und sie war ein Behang und war ein Anhang vor einem Herrn wie vor allen. Und doch irgendwie nichts von dem. Anderes aus einer anderen Oper. Liebe auf den ersten Blick. Nachgestellt. Nachgeholt.

Die Übersetzer haben sich schwer getan mit dem hebräischen »wat-tip-pol«. Denn ist dieses Weib nicht schon weggegeben? Wieso die ganze Leidenschaft noch? Deswegen heißt es mal, statt fiel«: »sprang« (1899); »stieg sie eilend« (1912) oder sogar »glitt« (1855). Und in anderen Sprachen genau so. Das Schwanken zeigt: Hier traf doch trotz allem die Liebe ins Schwarze. Ins Dunkle.

PALTIEL UND MICHAL

WEINEN BIS BAHURIM

Und weinte hinter ihr bis gen Bahurim
2. Samuel 3

Ein stehender Ausdruck könnte diese Zeile werden, wie »auf den Steinen sitzen« bei Thomas Manns Buddenbrooks. Der Ausdruck hat, wie alles und die Welt, einen Anfang und dieser ist, dass David, dessen Leben gerettet worden war von Michal, seiner Frau und Sauls Tochter, die Frau zurücklassen und in die Berge hatte fliehen müssen, und war wieder zu Kräften gekommen und war mächtig und hatte sich draußen zwei andre Frauen zugelegt. Michal aber war derweilen vom Vater dem Paltiel, dem Sohn des Laisch, vertraut worden. Und sie lebten in Fried und Freude eine geraume Zeit schon zusammen, als der mächtig gewordene David sein Weib zurückerhalten wollte. Dies sei Bedingung und Bedingnis, wolle man mit ihm einen Pakt schließen und die Samen bündeln.

Und Isboseth, der Sohn Sauls und der Bruder Michals, musste das Werk verrichten und es behagte ihm nicht, denn er sah wohl, wie die beiden einander liebten. Aber er hatte schon einige Male widerwillige

Frauen eintreiben helfen und den Läufer gemacht, einer von denen, die mit dem Namen »Fleischholer« verspottet werden.

Also kam es denn, und das Weib ward geholt und mit Isboseth gingen einige Schächer, Häscher, Büttel und Schergen, dass alles dem Bruder nicht über den Kopf wachse. Um so mehr als der Michal Ehemann, der Paltiel, sich erbat, die Frau geleiten zu dürfen. Und abschlagen konnte Isboseth das nicht und ließ ihn mitziehen. Paltiel war aber gerade von der Feldarbeit zurückgekommen in Eile, als die Knechte ihm gemeldet hatten, und hatte schmutzige Hände und den zweitbesten Kittel nur. Er sah stumm zu, wie das Weib eilends etliche Gewänder nahm und sie in einen Korb aus Bast packte, von der Sorte, wie sie die Packesel tragen. Keiner von den Eckenstehern und Gassenjungen begleitete sie johlend bis ans Stadttor. Sie wunderten sich still über den Lauf der Dinge.

Paltiel hatte auf dem Haushof zu Isboseth gesagt: »Ich werde sie doch wohl noch begleiten dürfen«. Und dann noch etwas wie: »Eine Ehre, die auf uns alle zurückfällt, diese Kür durch den Erlauchten«. »Ich habe diesbezüglich keine gegensätzlichen Weisungen«, hatte der Bruder Michals erwidert. Aber gleich ergänzt: «Aber doch nicht bis zum Palast!« Und nach einer Weile noch: «Das würde zu schwer sein für dich, wahrlich«. Das stimmt, muss Paltiel sagen.

Dann, sagt plötzlich die Frau, eine, die sich im Griff hat: »Dann sagen wir, wenigstens bis Bahurim«. Bahurim ist ein ziemlich trostloser Ort am Weg von Jerusalem bis Jericho. Eine einzige Dorfstraße durchquert sie. Königsstraße steht noch da aus der assyrischen Zeit in Keilschrift im einmal frischen Lehm der Mauer. Lehm links und rechts, übermannshoch; Kuben von Häusern mit ihrer Blindseite zur Straße, Palmblätter von den Bäumen auf den Höfen oder als Streu auf den Terrassen. Ein Brunnen mit seinem Vorhof von Hufspuren. Paltiel trägt Michal den Korb.

Der ganze Trupp ist zu Fuß; die Frau wollte nicht auf das teuer gezäumte Majestätsross; sie hat Reisekrankheit, Übelkeit vorgeschützt und läuft nebenher am Zaumzeug. Bis zum Brunnen, kein Tier an der Tränke, denn die Sonne ist schon hoch am Himmel. Mitten in Bahurim.

»So, es ist soweit«, sagt der Läufer Davids, Isbobeth, der die Stille in diesem Augenblick brechen muss. Alle suchen sich Schatten. Paltiel und Michal halten sich stumm an den Händen. Der Läufer rückt ab, holt sich einen anderen Schatten einige Schritte weiter, blickt auf den weiteren Weg stumm. Der Rest des Trupps hat sich weiter hinten hingesetzt. Im Schneidersitz und pult sich Dornen aus den Fußsohlen.

»Eine andere Sprache spreche ich auch noch, und zwei und drei«, sagt die Frau leise vor sich hin und denkt an das ungewohnte Leben der Münder einander zunächst fremder Frauen im Palast und in der Kemenate. Isbobeth dreht sich um und kommentiert: »Das wirst du alles noch lernen«. Und noch: »Es ist kein Gefängnis«. »Es ist doch eins. Kostbar und traurig. Ein Sheol aus Gold, eine güldne Hölle«.

Paltiel hat seit dem Gang über die eigene Schwelle kein Wort gesagt, er unterdrückt ein Schluchzen und hält den Atem an, bis es vorbei ist. Er weint, er wird den ganzen Weg bis hierher geweint haben, unauffällig, aber es ist an seinem verstaubten Gesicht gut zu erkennen. Furchen und Deltas wie nach einem Gewitter und ein Glanz in den Augen. Die Ehefrau fällt ihm nicht in die Arme, umfasst ihn auch nicht; sie drückt die bereits gehaltenen Hände eine Weile fester.

Das Dorf Bahurim schweigt dazu und denkt sich sein eigenes. Eine Frau macht ein Tor spaltenbreit auf und wieder zu, und von den Terrassen herunter ist ein Rauschen zu hören. Wie von Füßen auf der Streu, oder es ist nur der Wind, der auffrischt.

»Denken tut gut« sagt sie noch und lächelt in seine Tränen hinein. Dann winkt sie sehr schnell (aber in Paltiels Kopf sehr langsam, wie im Traum) den Läufer heran. Alle gehen, bis auf den Ehemann, ein Scherge hebt den Korb auf und stellt ihn sich auf den Kopf. Trab der Füße. Ganz hinten das Pferd unbenutzt. Eine kleine Staubwolke. Köpfe werden verständnislos geschüttelt auf den Terrassen, eine Frau spuckt auf den Hof hinunter. Dieser Schmerz, diese Würde auch. Sagt mal, hat er nicht geweint, der Mann? Sonderbar.

Der Mann hat jetzt abgedreht und geht den Weg zurück, er wischt sich die Tränen nicht. Die Nachbarn sollen es erkennen, er ist ein neuer Männertyp, ja, ich habe, ja, er hat geweint, ja wie eine Frau und auf der Straße. Und gleichsam ein Stolz darüber ist in ihm. Nicht um der Ehre willen geweint, um der Liebe.

Er hätte wohl dem Fleischholer ein Auge ausstechen können oder ihm ein Ohr fein abschneiden mit dem Pfropfmesser als Gruß an dessen Herrn, nichts Außergewöhnliches im damaligen Brauchtum. Und anschließend in die Wüste gehen — denen ihre Macchia damals — und von wildem Honig und Heuschrecken leben wie die Propheten. Er wird auf seinem Hof bald die Palmen rauschen hören und oben auf der Terrasse auf der Streu liegen. Und das Leise-Lachen-Allein lernen. Und das Wort Bahurim langsam für sich aussprechen, was soviel heißt wie »Junge Männer«. Er weiß, wer weint und lacht, ist noch jung. Wirklich ein junger Geselle und das Gesellenstück war diese Liebe zu Michal.

Sie ihrerseits denkt: hätten wir da (damals, wird es bald heißen) eine Stunde mehr Zeit gehabt, hätte er sie unerkannt hinten raus mit in die Wüste nehmen können. Auch sie denkt an den wilden Honig und zwei Münder darum, mit Zuckerglanz an den Lippen. Aber der Schwarm zieht weiter, Bienen und Gedanken, und sie denkt auch nach vorn. Vielleicht ist sie David los nach einer Liebesnacht oder nur einer halben. Ihm dann solange zu Willen, nur zum Zeichen, dass er sie hat im Inventar. Nicht biblisch erwürgen den Zwangsliebhaber, nein, aushöhlen soll er sich ganz langsam. An ihnen, diesen Frauen allen im Innern des Hauses, und an allen äußeren Feinden. Das andere weitere dann zusammen mit den anderen Frauen. David verachten fortan, nicht nur, wenn er nackt vor der Arche tanzt. Die Männer überhaupt kleinmachen oder schlecht. Bis auf den einen da, der auszog, das Weinen zu lernen. Und halb Bahurim träumt mit.

»Und wer es erzählt hat, dem ist der Mund noch warm« wie die göttingischen Kleinen Propheten Jakob und Wilhelm sagen. Und dem klingen die Ohren noch vom Nymphengarn in den heute ausgetrockneten Bewässerungskanälen von Bahurim.

ABIGAIL UND DAVID

WASCHUNGEN
UND KEIN ENDE

*(...)wärest du nicht eilend mir begegnet, so wäre
dem Nabal nicht übriggeblieben auf diesen lichten
Morgen Einer, der an die Wand pisset.*
1. Samuel 25

Abigail (»Vater-Freude«; »Quelle der Freude«) hat sich vor David erniedrigt, acht sich überbietende Verse lang, wohl die längste Unterwerfung in den ganzen Rollen. Und hat ihren Mann in den Tod geschickt durch einen Psychoschock — der perfekte Mord — und nichtsdestotrotz klebt kein Blut an ihren Händen.

Abigail war David sehr willfährig, auf Kosten ihres Manns Nabal, der dem David wiederum feindselig war: sie hintergeht ihn, versorgt David in der Wüste Paran mit einer ganzen Karawane von Lebensmitteln und erniedrigt sich vor ihm, wie es nur geht: Stirn in Staub wieder, Kopf an Zeh und redet sich tiefer und tiefer. Wohl die längste Unterwerfungsrede weit und breit. Sie bietet sich an. Wird gern angenommen samt Proviant beladene Esel.

Das erzählt sie alles ihrem Mann, aber am nächsten Morgen erst, nach dessen abendlichem Bankett, als er wieder nüchtern ist. Das verfehlt sein Ziel nicht: Da erstarb sein Herz in seinem Leibe, dass es war wie ein Stein. Und über zehn Tage schlug ihn der Herr, dass er starb. Witwe ist sie, mit dreitausend Schafen.

Sie wird gerne angenommen als zusätzliches Weib. Neben Ahinoam, die der Fast-König auch zu der Zeit für sich nimmt. Ein geschmeidiges Weib Abigail, will sie selbst ja sogar, dass sie diene den Knechten ihres Herrn und ihre Füße wasche.

Auch hat sie das ganze Vieh mitgebracht und »fünf Dirnen unter sich«. Dass David nach Ahinoam seine restliche Nacht vielleicht in sechs Teile teile und sie alle sechs wie ein treuer kleiner Schneider beschlafe »jede nach ihrer Art«? Nein, »nach seiner Weise«! Gewiss betrüblich, allein die Dirnen würden — am nächsten Tag und später wohl, von der versklavten Herrin weiter erniedrigt — ihr, der Oberwäscherin auch die Füße waschen. Und wer wäscht ihnen denn ihre, die das unterste Glied sind zwischen Gott und Vieh?

Ach, das ist eine andere Geschichte und die geht so: Einmal im Jahr, wenn der Schnee schmilzt im Libanon, dürfen sie bis ans Wasser ziehen, und der junge Strom tut es ihnen schlecht und recht und guter Laune, wie er auch die Kiesel wäscht. Und sie stehen da alle fünf bis die Beine nicht mehr können vor Frische und lachen sich an. Sie können nicht erniedrigt werden. Ein weiteres Jahr.

WAS WURDE AUS ARPA, DER ANDEREN SCHNUR?

VERMISSTENANZEIGE

Das Buch Ruth, passim

Sie war die erste. Bei mir, und ich muss fatalerweise wieder persönlich werden. Ich habe einmal die Bibel aufgeschlagen und fiel in Ruths Geschichte wie Joseph in die Zisterne. Habe den Anfang genossen, mitgefühlt mit den drei Witwen, der alten Schwiegermutter Naomi und den beiden jungen Schwiegertöchtern (den »Schnüren«, wie Luther sagt) Ruth und Arpa. Nur kannte ich Ruths Geschichte von anderswo her, Victor Hugo zum Beispiel, und dieser Name Arpa sagte mir nichts. Ich las weiter und kam auf den Liebesstreit, könnte man fast sagen, zwischen den dreien. Den dreien wohlgemerkt und nicht den zweien. Wir, sagen die zwei jüngeren, kommen mit dir nach Juda: Nein. Tränen. Doch. Nein doch. Tränen, stärkere. Dann gehorcht die eine dem Befehl der Schwiegermutter und trennt sich von ihr, Arpa; die andere nicht, Ruth. Welch ein Kontrast! Der wird in der weiteren Geschichte aber nicht ausgeführt und gelebt.

Es heißt bei vielen Kommentatoren: Arpa bleibt in Moab, im heutigen Jordanien, wohin Naomi mit Mann und Söhnen zuvor wegen einer »Theuerung« in Juda gezogen war, und die beiden Moabiterinnen hatten in diese Migranten-Familie hineingeheiratet. Das ist falsch. Sie geht zurück. Denn die beiden hatten doch beschlossen, gemeinsam Naomi zu begleiten nach Juda — aber unterwegs, unterwegs erst, besinnt sich Naomi eines anderen. Sie gibt alle möglichen Gründe an: sie hat keine Brüder oder Söhne, die die beiden nach dem Leviratsgesetz heiraten könnten und die sie versorgen. Selbst, wenn sie diese Nacht noch einen Mann fände und sie gebäre später; die beiden müssten noch zwanzig Jahre warten und das geht nicht an. Es ist besser, ihr kehrt zurück in euer Land zu eurem Gott. Arpa gehorcht, sie geht zurück. Ruth drängelt, beschwört, bestürmt, am Ende darf sie mitkommen.

Man kennt die weitere Geschichte, die so viele schön und idyllisch finden, Johann Wolfgang von Goethe wie Victor Hugo, wo doch nur davon die Rede ist, wie eine sehr mittel- und ziemlich heimatlose Frau sich mit dem wunderbaren alten Trick einen Versorger holt. Die Männer können das gut nachvollziehen, wie dem Boas ist. Er legt sich schlafen auf dem Feld in der sommerlichen Nacht und als er erwacht, liegt eine schöne junge Frau mit dem Kopf an seinen Füßen. Sie ist aber doch nur dem Rat der Schwiegermutter gefolgt, die da wohl ein bisschen kuppelt und was ist großartig dran? Man muss die ganze nachherige Begeisterung nicht teilen.

Mich bewegt die diskrete Arpa, die es wohl nicht so rosig gehabt hat, selbst im eignen Land, als Witwe von einem Fremden aus Feindesland. Was mag sie zu dem Schritt bewogen haben? Vielleicht, hat sie gedacht, dass Naomi eine große Sorge weniger haben wird, wenn sie nicht dabei ist — oder dass Ruth sich besser allein durchschlagen wird; dass sie beide gleichzeitig das große Los hätten ziehen können, ist in der Tat sehr unwahrscheinlich. Ein schwerer Schritt, und man darf an ihren Tränen nicht zweifeln. Sie geht also zurück, wohl nach Dibon/Dhiban, der Hauptstadt der Moabiter, denn sie soll fürstlicher Herkunft gewesen sein, hieß es über sie. Wer hat von den beiden Schwiegertöchtern mehr geliebt? Ist das so klar?

Sie geht zu ihrem Volk und zu ihrem Gott, sagt Naomi hinterher. Das ist ein Grund, warum manche Rabbiner und Pastoren sie gern zu einer Götzenanbeterin herabsetzen, gar zu einer, welche die Kindesopfer des Baal-Peor gutheißt. Dass solche Kindesopfer stattfanden, ist unter den Historikern sehr umstritten, und wenn überhaupt, dann träfe es nur für das ferne Phönizien zu. Baal ist ein ganz einfaches Wort und bedeutet nur: Gott! Und Kemosch, der in Juda verhasste Gott der Moabiter, zusammen mit Aschtar, seiner Frau Göttin ist doch nur das allgegenwärtige göttliche Paar, wie Jupiter und Juno. Aber die so genannte Literatur des zweiten Tempels zaudert nicht und versteigt sich sogar zu der Behauptung, Arpa sei die Ahnin des Ungeheuers Goliath! Wie ganz Moab ein Greuel ist. Und sie soll von Lots Töchtern abstammen, die ihren Vater verführten, um zu Kindern zu kommen.

Wie weit waren die drei Frauen gekommen, als Arpa auf Naomi hörte und zurückkehrte? Es war eine weite Reise von Dhiban nach Bethlehem, wo Brot kostenlos ausgeteilt werden sollte, wie Naomi glaubte, vorbei am Toten Meer. Welche Sprachen sprachen sie, eine von den beiden verschwisterten Sprachen Hebräisch und Moabitisch; alle beide; eine dritte, Missingsch? Und hat Ruth, als sie es mit Boas zu Reichtum und Macht gebracht hat, vielleicht versucht, Arpa in Dhiban ausfindig zu machen, um ihr zu helfen? War es zu spät? War sie eine Dirne? War sie tot? So viele Fragen. So wenig Text. Man kann das Buch wohl zu Recht rühmen - wie viele »Bibel-in-Auswahl-Genießer« es tun — als eine »gelungene Kurzgeschichte«; da ist in der Tat so viel über Bord geworfen worden, so vieles und so viele. Herrlich gestrafft ist das. Zu kurz gekommen einiges.

Arpa war auf jeden Fall die erste biblische Frauenfigur, die sich mir eingeprägt hat. Ein Lob auf die Unscheinbarkeit. Keiner hat sie je alleine ohne Ruth gemalt, wie die tausend Maler der »Judith mit Holophernes Kopf« oder der »Susanne im Bad mit den zwei lüsternen Greisen«. Aufgedrängt hat sie sich gerade in ihrer Zurückhaltung. Und wie sie sich im Text auf einmal unter der Feder des Schreibers reinweg verflüchtigt. »Und Arpa — steht da — küsste ihre Schwiegermutter. Ruth aber blieb bei ihr«. Nicht einmal ein Verb der Bewegung blieb zurück: »Sie ging für immer« oder auch nur »sie ging«. Nein, »Sie küsste sie«, so heißt es dort, und wird einfach — gelöscht. Es folgten ihr andere Frauenfiguren, flüchtig erwähnt, ärmliche Randbemerkungen, schlechtgemachte Konturierte oder ausführlich Missbrauchte: Bashti, die Königin von Susa; die Frau von Noah; Lebuda und Kelimat, und so viele andere.

Ein stiller, langer Zug entlang der Straßengräben der Geschichte(n). Ihnen ist dieses Buch gewidmet. Im doppelten Sinne des Wortes: Zueignung und eingehende Beschäftigung. In den Telefonbüchern sollte ich suchen nach dem Vornamen Arpa. In Tel Aviv, Ramallah oder Amman. Schön wär's, einen zu finden. Mit einer Spur von stiller Liebe drin.

JESUS-ANHÄNGERINNEN IN GADARA

KUDRUSSE ÜBERALL

Brief des Abtalion, passim

Gádara war die erste Heidenstadt, in die Jesus trat. Sie war schon mächtig und sie reichte weit über ihre Mauern hinaus bis zum See Genezareth. Dort trieb Jesus einen Teufel aus zwei Wahnsinnigen heraus und in eine Herde Schweine, die sich anschließend in den See stürzten, worauf die besorgte Lokalbevölkerung Jesus aus der Stadt eskortiert. So wissen drei von den vier Kanon-Evangelisten zu berichten. Der etwas später verfasste, in die Heilige Schrift (aus technischen und anderen Gründen) nicht aufgenommene Brief des Abtalion (also ein nur »halbheiliger Schrieb« sozusagen) weiß es anders, und besser.

Nicht zwei, sondern einen einzigen Besessenen hat Jesus geheilt, und der hatte einen Namen: Kudrus. Er hat, wie in der Doxa berichtet, als Besessener in Gräbern gelebt, tobte und schrie und warf mit Steinen, so dass in den Straßen keine Ruhe war. Auch befreit Jesus traditionsgemäß den Körper und die Seele des Armen von dem Teufel, und lässt den auf dessen Bitte »sich vervielfältigen« und in eine ebenso traditionsgemäß zweitausend Stück starke Schweineherde fahren, die sich dann im Schweinsgalopp in den See stürzt und ersäuft. Dann wird die Geschichte aber auf ein Mal anders.

Kein Mob treibt Jesus aus der Stadt wie einen unruhigen Geist und Ruhestörer. Es geht gesitteter zu. Der Rat der Stadt tritt zusammen, um zu beraten, wie mit diesem – wär das Pulver schon erfunden worden – wandelnden Pulverfass umzugehen sei. Und das Volk reagiert da auch nicht als ein einziger blinder Block; die Verwirrung ist nicht allgemein: »nur wenige waren, die es verstanden, und die waren aus den Weibern der Juden«. Und kaum hat der Rat angefangen zu tagen, so riefen die Frauen, die sich vor dem Rathaus versammelt hatten: »Er spricht recht, lasst uns vor die Stadt ziehen und Jesus verehren!« Insofern die erste und letzte Frauendemo der Bibel ...

Die Ratsherren derweil beraten. Und der Brief berichtet sehr ausführlich über die Reden der Vertreter der hauptsächlichen ideologischen Strömungen in der Stadt. Die Juden sind eine Minderheit im Stadtrat, von ihren beiden Vertretern ist einer für Jesus, einer gegen ihn. Es ergreifen das Wort, und legen ihre Weltsicht auseinander ein Epikuräer und ein Skeptiker. Worauf am Ende beschlossen wird, Jesus nicht zu verurteilen, sondern lediglich zu verbannen. Jesus geht und besteigt sofort ein Schiff auf dem See Genezareth und die Geschichte hat ein Ende.

Verschwiegen wird aber, was aus den mutigen Weibern wird! Und aus der angekündigten Großkundgebung auf freiem Feld — also wohl nicht zulassungspflichtig — die Jesus ehren sollte. Ferner wird nicht gesagt, warum sie sich zu Jesus schlagen (und auch nicht, warum die heidnischen Weiber nicht mitmachen). Ihren Rufen zu entnehmen hat Jesus »recht gesprochen«. Aber gesprochen hat er doch kaum. Das Evangelium bemerkt, er »schweigt« vor allen Dingen und stellt an den Teufel nur die schlichte Frage: »Wie heißt du?« und heischt ihn dann gehen: »fahr aus!« Nein, es muss was anderes sein, das die Frauen auf den Plan getrieben hat.

Wie dieser Christus da die Tobsucht aus dem Kudrus getrieben hat, müssen sie von größtem Interesse gefunden haben, denn sie lebten ja alle mit Männern, wo man sich oft nicht ins Haus getraut hat, so sehr tobten sie, schrien, schimpften und schlugen sie. Jesus als ein Meister in der Vervielfältigung des einen großen Teufels in viele kleine mit anschließender Neutralisierung, das hatte doch irgendwie mit der Herde aus tausenden von Männerköpfen in Gàdara zu tun. Sie hatten die Frauen heruntergeputzt, jetzt sahen diese gern im Traum, wie ihre Männer den letzten Hügel herunterpoltern und in den See purzeln. Und wie sie sich dann kleinlaut, beruhigt und ernüchtert oben auf der Terrasse neben die Hirsegarben trockenlegen.

Warum Jesus nicht zu ihnen, den Frauen ging, ist dagegen eine andere, kompliziertere Geschichte. Der Autor Abtalion lässt die Geschichte einfach in die Versenkung fallen, ein bekanntes Rezept. Vielleicht konnte Jesus als Kind seiner Zeit mit Frauen nur einzeln umgehen. Oder: Es waren ihrer einfach zu wenige da. Tja, denn heute noch wird eine andere Frage im Raum Gádara gestellt, wenn die Gedanken am frühen Morgen noch rege sind: Warum haben die jüdischen Frauen nicht die nichtjüdischen agitiert? Vielleicht stand dem das Image des Schweins entgegen, den Heiden teuer, den Juden ungeheuer.

Jesus hätte die zweitausend Teufel gut zur Hälfte in Esel fahren lassen können, Tiere die nach Lukian sich leicht metamorphosieren lassen und gute heidnische Machos abgeben.

Vielleicht war er auch nur verstört, weil er die Beratung stumm mit anhören musste und ihm die Art, wie die Heiden argumentierten, Lucilius und Dosotheos, imponiert hatte und noch mehr, dass keiner aus dem Rat, auch kein Jude, imstande war, ihnen zu widersprechen. So steht es in dem Brief und so liest sich das heute wenigstens.

DIE 72 WEIBER ZU ALEXANDRIEN

SCHRÄGER PSALTER

Gattungstechnisch lässt diese letzte Abteilung mit ihren Werkstücken zu wünschen übrig. Bei solchem wohl zur Schau getragenen halbfertigen Charakter sitzt der Leser/die Leserin doch da zwischen allen Königs-, Gebär-, Lehr-, Folter- und Schaukelstühlen. Aber wir stehen nicht allein da; vielleicht war die Mehrheit aller geschriebenen Texte seit dem ersten Keilstoß der Keilschrift nichts anderes als Tragelaphos — ein Wort, das Goethe noch kannte — jene Mischung aus Bock (tragos) und Hirsch (elaphos). Ein Zwitter ist unser Ding, und die Cherubkommission kann uns wenig anhaben. Ein erstes höheres Gutachten ihrerseits scheiterte, etwas zu bewegen; ein zweites schrieb an der Sache vorbei; ein angekündigtes drittes erreichte uns nie. Wir ließen es infolgedessen dabei bewenden.

Viele schwankten, ob sie die Weiber überhaupt erwähnen sollen und ließen es am Ende doch sein; andre ignorierten sie von Anfang an dreist. Höchstens gab es später Anspielungen, hier und da. Dass es so was wie sie einmal gegeben hätte — oder hätte geben können, die Berichte waren weder sicher noch genau. Und die Betroffenen selber hatten damals mit schriftlicher Weitergabe wenig am Schleier gehabt; ihnen reichte das Mündliche vollkommen. So hinterließen sie keine Spuren für die biblische Forensik.

Dennoch drängt sich uns das auf, wenn wir überlegen: die zweiundsiebzig Doktoren, die Demetrios von Phalära, der Bibliothekar von Alexandria im Auftrag von König Ptolemaios Philadelphos in die Weltstadt hatte kommen lassen, um die hebräischen Gesetze ins Griechische übersetzen zu lassen, waren alle verheiratet, ist doch ein unverheirateter Mann ein Gräuel in Gottes Auge. Sie mussten ihre Frauen aber doch zurücklassen, als Demetrios sie in sieben Stadien Entfernung von der Stadt auf die Insel Pharos brachte, wo die wunderbarerweise zweiundsiebzig Tage dauernde Klausur stattfand. Die Frauenzimmer gaben alle ihren Männern ein Körbchen mit ihren Lieblingsbissen, dass sie überleben bis zum nächsten Schabbath. Demetrios war das peinlich, wusste er ja, dass König Ptolemaios für die Doktoren alles aufs beste hatte einrichten lassen und exzellente Köche angeheuert hatte. Er ließ aber die Sache durchgehen, weil er nicht schon am ersten Tag Krach mit den Damen haben wollte. Er verschwieg aber beiden Parteien, dass es kein Wiedersehen beim nächsten Schabbath geben würde; das Ganze war als im wahrsten Sinne des Wortes geschlossene Veranstaltung eingerichtet worden. Erst wenn das ganze Konvolut ins Griechische übersetzt worden wäre, würden die geliebten Schleier von ferne flattern und winken, und diese besondere irdische Wonne eines Weibes wieder verfügbar sein.

Die Doktoren hatten sich das anders gedacht: sieben Stadien sind ein Katzensprung und gehen ist doch am Schabbath erlaubt sowie vögeln übrigens.

Allein Demetrios, der Bibliothekar, war da einer Meinung mit König Ptolemaios: eine wöchentliche fleischliche Vermischung mit den jeweiligen Weibern würde dem Engagement schaden, und Huren verdingen wäre noch weniger denkbar. Also standen am ersten Schabbath der Übersetzer die Eunuchen vor dem Tor zum Festland und kreuzten sehr zivil, aber auch sehr wirksam die Hellebarden. Zwölf Schabbath lang no way out!

Die Herren Gelehrten mussten am siebten Tag einfach ausruhen, wie Gott übrigens am Anfang. Und den besonders schönen Seeblick genießen, den Aristeas in seinem Brief an Philokratos erwähnt, und den würzigen Geruch des Mittelmeers tief einatmen. Und grübeln in der Gruppe über die überwundenen lexikalischen Schwierigkeiten nebst grammatikalischen Finessen sowie über die am nächsten Tag zu erwartenden. An den Werktagen musste ja jeder für sich in der schönstens möblierten Einzelzelle übersetzen. Sie grübelten beim ersten Schabbath aber auch über ihre Weiber. Was wird aus ihnen wohl werden, klagten sie, wenn wir so lange wegbleiben? Wer sagt ihnen die Gebete im Familienkreis vor? Der Sohn des Hauses? Nicht alle hatten einen, oder gar einen ausgewachsenen. Die Weiber würden verzweifeln, ja sich gar ins Meer stürzen, um die Insel Pharos heimlich zu erreichen und ihren Mittler in die Arme schließen. Hätten sie nur schwimmen können.

Die Zeit war reif für Lilith. In der zweiten Woche fing sie an, in der kurzen Zeit vor der Abenddämmerung, wo sie das vertraglich darf, den einen oder den anderen Doktor kurz zu besuchen und zu vertrösten, was sich übrigens auf die Qualität des Übersetzens am nächsten Tag positiv auswirkte, obgleich hinterher keiner es wahrhaben wollte. So wurden die Besuche verschwiegen bis auf unsre Tage.

Waren die Weiber ihrerseits so ratlos, wie die Männer sich das dachten? Die Frau des Demetrios hatte sie alle bei sich in den Frauengemächern aufgenommen, so lange das Übersetzen währen würde. Sie mussten keinen Finger rühren, so hatte es die Königin der Frau Bibliothekar aufgetragen; es war wie Dauer-Schabbath und viel schöner noch. Mägde kamen und gingen, brachten die köstlichsten Speisen, die Kissen konnten nicht geschmeidiger sein, sie selber durften sogar in dem großen Marmor-Becken baden und sahen über den Rand und die Blumenrabatte hinüber zur Insel Pharos, die in einiger Entfernung lag. Richtete sich aber einmal doch ein Weib vom Kissenberg halb auf und sagte: wie wär es denn mit Übersetzen? Mir sind die Tage einfach zu lang. Unsereiner übersetzen? Unsereiner wohl!

Und wo nimmst du die Rollen her, die alten und die neuen? fragte eine Kissennachbarin. Die anderen Weiber hüstelten; sie wussten ja, Frauen dürfen die Thora nicht lesen, höchstens zuhören. Doch die Frau, die den Vorschlag gemacht hatte, fragte weiter, ja hakte nach und es stellte sich heraus, alle konnten ganz anständige Fetzen aus der Schrift auswendig hersagen. Die Stellen, die sich ihnen einfach, aus welchen Gründen auch immer, eingeprägt hatten. Und sieh, ein zweites Wunder geschah. Denn, nicht nur, wie tradiert, stellten die Männer am Ende ihrer Arbeit fest, dass sie alle, jeder im Alleingang, doch den gleichen Text geschrieben hatten. Hier spielte sich noch Wunderlicheres ab: alle Fetzen zusammen machten einen ganzen Text. Sie staunten alle; später Eingeweihte wussten aber zu erklären: das kam daher, dass sie einen ganz anderen Wert auf den Text legten als die Männer. Ihnen ging es in erster Linie um den Rhythmus, die Akzente, die Teamim. Als sich das Staunen gelegt hatte, fing aber ein längerer süßer Streit an. Konnten sie denn nicht beim Probe-Übersetzen die Vorlage ein bisschen mehr ins rechte Licht rücken?

Die Besuche von Lilith waren am Ende etwas zu fruchtbar. Diese Erstfrau von Adam weichte ihnen gleichsam den Bregen auf, so dass sie in der Nacht darauf von ihren Weibern träumten, die ihnen das eine oder das andere einredeten: diesem oder jenem Vers einen anderen Schwung geben, mitten in einem Psalm einen Fluch auf das Standbein im Stich lassen, das Ende eines Blutbads unbestimmter machen, winzige Gabelungen einbauen, lauter kleinste Kurskorrekturen. Die Bräute im Leerlauf waren ihrerseits nicht faul. Tagsüber allerdings. Nachts schliefen sie fest wie nie zuvor. Kein Doktor an ihrer Seite, der sich hin- und herwälzt und schnarcht und im Halbschlaf orakelt. Eine von ihnen spaßte: könnte man nicht, wenn sie fertig sind mit dem Griechischen, ihre Erfahrung für eine andere Sprache verwenden, das Etruskische etwa oder diese komische Sprache im Westen, im Aufkommen begriffen, Lastein, Lettein, Latinisch? Die langen freien Tage wurden gut ausgenutzt. Die Bräute sprachen außer Aramäisch alle ein Griechisch, das etwas vulgärer war als das der hehren Doktoren, ihnen aber zugute kam, um die unmöglichsten und spaßigsten Varianten zu erfinden. Die Frage war nur, ob sie das alles dann erhalten sollten, schriftlich oder mündlich. Die Fraktion des Mundes trug den Sieg davon.

Das Resultat war wunderlich. Eine nach der anderen trug den griechisch gewordenen Fetzen vor, der ihrer war. Einige hatten gewaltig gestrichen, es blieb nur ein Kern, den sie auf mannigfaltigste Weise besangen. Wohlklang voraus. Andere hatten noch subtilere Listen. Sie führten Gedankengänge nur einen kleinen Schritt weiter, sodass man hinterher nicht mehr merkte, da ist was reingekommen, die Nahtstelle war perfekt, der Ton gleichgestimmt. Allein die Glaubwürdigkeit blieb irgendwann auf der Strecke, der Sinn war unumkehrbar umgekippt. Der Gebetsteppich lag einfach wie umgedreht da, mit all den grobschlächtigen Knoten.

Eine Stelle hat die Frau des Demetrios, die bei den 72 Weibern gelegentlich hospitiert hat, besonders beeindruckt, und sie schrieb sie für sich doch nieder und sie kam bis auf uns herab. Ein schönes Beispiel, wie man den ruhigsten Lesermann aufs Glatteis führt. Das Stück, auf das sie ihr Eignes aufpfropften, lautete: »So du einen hebräischen Knecht kaufest, der soll dir sechs Jahr dienen; im siebenten Jahr soll er frei ledig ausgehen. Ist er ohne Weib gekommen, so soll er auch ohne Weib ausgehen. Ist er aber mit Weib gekommen, so soll sein Weib mit ihm ausgehen. Hat ihm aber sein Herr ein Weib gegeben, und hat Söhne oder Töchter gezeuget, so soll das Weib und die Kinder seines Herrn sein, er aber soll ohne Weib ausgehen. Spricht aber der Knecht: »ich habe meinen Herrn lieb und mein Weib und Kind, ich will nicht frei werden«, so bringe ihn sein Herr vor die Götter und halte ihn an die Thür oder Pfosten, und bohre ihm mit einem Pfriemen durch sein Ohr, und er sei sein Knecht ewig.«

Bei den Frauen ging es aber weiter, und kein männliches Leserauge hätte es je merken können: »Will aber der befreite hebräische Knecht dieses Ewige nicht, will er ausgehen und Weib und Kind bei sich behalten, denn nur ihnen, seinem Herrn aber nicht, gelte seine Liebe, so handle dieser ehemalige Herr wie folgt: Er gebe seinem ehemaligen Knecht ein zweites Zeit-Weib, mit dem zeuge dieser Kinder, so viele an der Zahl, wie er beim Ausgehen mit dem Erstweib mitnehmen willens ist. Solange wartet das Erstweib mit dem ersten Wurf vor den Türen der Stadt und muss sich selbst versorgen. Hurt sie aber, so ist der Herr seines Versprechens ledig.

Der ausgegangene frühere Knecht muss wissen, es gibt keinen Weg in die Knechterei und Fütterung zurück. Manche glauben: schneiden sie sich selbst ein Ohr ab und schenken sie es bei der erbetenen Rückkehr dem Herrn, der es sonst bei der »Verewigung der Knechterei« mit dem Pfriemen hätte durchbohren sollen, hoffend, so werde das Ganze rückgängig; das hilft aber ihnen nicht einen Pfifferling, und der Ohrenlose hat das Nachsehen obendrauf, und die Kindlein auf der Gasse lachen ihn aus als Meister Einohr.«

Als die Doktoren von der Insel zurückkehrten und sich unverzüglich auf ihre jeweiligen Weiber stürzten, merkten sie erstmals von alldem nichts. Aber dann fiel ihnen auf, was war das bloß, ein Unausgesprochenes, ein ironisch gezogenes Grübchen, und in ihren Ohren hallte diese Rede, genau dieselben Sätze wie früher und doch unterlegt mit einer Art neuer Musik. Und das alles kam daher, dass sie einmal vom Übersetzen gekostet und geschmecket hatten.

Aristeias verschweigt das alles in dem langen Brief an Philokrates, in dem wir einiges erfahren über die Übersetzung der Zweiundsiebzig.

KÖNIGINNEN MÜSSEN SCHWEIGEN

BRIEFE OBEN, BRIEFE UNTEN

Wir sind in Kanaan und wir schreiben nach den Ägyptern den Tybi, sprich Dezember 1259 vor Christus. Buschfunk — nein, Tamariskenfunk am Dorfbrunnen; es sirrt, brummt, ruft und lacht. Eine frühere Form des Aramäischen. Frauenlexik; Frauenrhythmik, Frauenthematik. Die Frauen am Brunnen haben es gehört und weitergesagt: es soll sich etwas Erstaunliches zugetragen haben; zwei Frauen, nein, zwei Königinnen, die zu den größten zählen, tauschen freundschaftliche Briefe aus, nachdem ihre Männer — nach langem, erfolglosen gegenseitigen Bekriegen zwischen Ägypten und Hethitenreich — einen ganz großen Friedensvertrag geschlossen haben. Diese letzte aller letzten Schlachten und der Friede danach sollen bei Kadisch, Kadosch, Kadesch passiert sein. Die Frauennamen haben sie sich aber gemerkt: Puduhepa, die Hethiterin und Priesterin der Sonnengöttin Arinna; Nefertari oder Naptera, die Ägypterin, zweinamig weil sich Ägypter in zwei Sprachen ausdrückten.

Zwischen Männern der erste Friedensvertrag und zwischen Frauen der Brief überhaupt!

Jede Frau zu sich und zu ihrem Herrn nach Hause, Krug auf dem Kopf und Neuigkeiten auf den Lippen.

Sie deuten an, ködern; der Mann fragt aus, sie geben es preis. Der Mann wundert sich: Freundinnen, was ist das für ein neuer Gebrauch? Briefe schreiben? Man kennt den Ausdruck doch nur in Verbindung mit »Herr« Aber zwischen Frauen? Er fährt weiter und setzt dabei die Miene gutmütiger, wohlwollender Verachtung auf, wie es sich sehr selbstsichere Männern erlauben. Schreibende Frauen, seit wann gibt es die? Man wäre wohl informiert worden. Und stochert weiter: Überhaupt, Königinnen müssten dann doppelt schweigen, um die Ehre des Mannes zu schützen, die Ehre des Staates. Das grenzte sonst schon an kollaterale Schäden, solche horizontale, ja diagonale Kommunikation! Und überhaupt, hakt er nach: Kadisch ist doch ein Totengebet. Ihr bringt alles durcheinander.

Im Einverständnis wollen beide — Mann und Frau — einstweilen kein Wort mehr drüber verlieren. Am nächsten Morgen aber geht die Frau in den Garten, schneidet sich von einem dürren Palmblatt ein Stück Stängel ab und schnitzt ein paar Buchstäbchen hinein. Etwa «Lebwohl« und ihren Namen dazu. Sie wird wohl sehen, ob das unmöglich ist. Und träumt ein Stück nach vorn: oh, oh, das Männerschwert rostet aber ganz schnell! Frauenpapier raschelt um die Herren! Ihr seid eingekesselt!

Wir schreiben grob gepeilt das Jahr 3200 nach Kadesch. Bei den UN in New York liegt im Faksimile der Text des Friedensvertrags von Kadesch. Könnten nicht die zwei Briefe der beiden Königinnen auch gezeigt werden? Von dem Palmenstängelfragment ganz zu schweigen.

DER GOTT DER HEERSCHAREN

ZAHLEN MIT SCHNEID

Am Anfang wie immer: Schwertzücker zu Schwertzückern. Ausgehoben und doch ausgelassen. Halten sich für Stämme. Voll Brunst und Brand. 30 000 ziehen ins andere Land und fühlen sich selbst sehr. 20 000 geraten schnell ins Moor; die Knüppelwege reichen nicht aus, sie suchen und suchen ein trockenes Lager; bald hat sie das Sumpffieber alle. Man hört später nichts mehr von ihnen, wie von Cambyses seinerzeit in der Wüste. Und 10 000 zieht es ins Dünenmeer wegen der Schätze dort. 400 Gegenzücker aber schneiden ihnen den Weg zu den Quellen ab. Sie verdursten bis auf 1300 Mann. Von diesen brechen einige durch; andere halten es nicht mehr aus; es sind am Ende noch 733. Hinkebeine bleiben zurück und es sind nur noch 691. Plattfüße auch und Schwachbrüstler, und es bleiben ihrer übrig nur noch 588. Ab und an die Schwerter gegen die Sonne gezückt, dass sie blinken. Weitergezogen; es straucheln welche links und rechts und stürzen in die Dornen. Einige werden von Gegenzückern, die doch keineswegs ihre Freunde sind, mal gemetzelt und mal versklavt, und es bleiben aufrecht nur 333.

Derweil guckt der Gott der Heerscharen gelangweilt zu. Dieses olle Blinken und Blinzeln. Und das gewohnte flüssige Rot. Dreizehn scheren aus, werden von Ausländerinnen versteckt, einer findet Schutz in einem Kamelfriedhof, deckt sich zu mit gebleichten Knochen; sieben fallen in Fallen, ausgerüstet mit Pfählen und verkommen in Schmerzen.

Es ist Zeit für ein Opfer. Dem Gott der geordneten Rückzüge. Jeder ist des Nächsten Seelsorger und Narr. Die Sonne sengt. Das Moor von vorhin schon längst verdorrt und die Leichen drauf im Schlammgewand. 24 fallen in ein Dorf ein und zerschmettern Krüge voller Weizen, mehr als sie brauchen. Zornige Kinder steinigen sie, und flinke Greise mit wehenden Armen verwünschen sie in den letzten Zügen. Der Gott der Heerscharen ist einen Augenblick interessiert. Sieben werden über Nacht zu Propheten und wettern nach allen Himmelsrichtungen. Elf schwächen verlaufene Weiber der Gegenzücker, werden dafür selber geschwächt und verenden grablos im Stoppelfeld. Dreizehn werfen Waffen und Harnisch in den Grenzfluss und waten herüber. Drei rasten aus. Keiner, Freund oder Feind, schert sich um sie. Ein knappes Dutzend schlägt sich durch und entkommt. Gut fünf Monde lang. Alles geht dann am Ende sehr schnell: man hat sich Geschichten erzählt bis zum Umfallen; die meisten schlafen sich irgendwie hinüber; der letzte hat den vorletzten umgebracht; er hält sich für Gott. Schwerter überall am Boden wie Meteoriten.

Mit solchen Augen sahen die Frauen die Heereszüge oft und frisierten deren Zahlen. Oder löschten sie in Worten. Ihre Antwort auf Numeri, eins und zwei.

DIE FREMDE FRAU GEGEN-
VERFLUCHT JESUS SIRACH

TÖCHTER JALTAS

Sofar Bentot Jalta, »Buch der Töchter Jaltas«, soll der ursprüngliche Name dieses Fragments gewesen sein. Wer es schrieb hat damit eine neue Tradition begründen wollen, indem er/sie sich auf Jalta bezog, eine der beiden berühmtesten Frauen des Babylonischen Talmuds (neben Berurijia), die es geschafft haben, sich einen kleinen Platz in diesem hochkarätig frauenfeindlichen Werk der rabbinischen Tradition zu verschaffen, wo die Frau nichts, aber gar nichts (Gutes, versteht sich) aus eignen Stükken tun kann; der Mann ist ihr ständiger Mittler. Jalta, die belesene Tochter eines berühmten Gelehrten in Babylon war es, die den wandernden Weisen Ulla zurechtwies: er hatte sie verhöhnen wollen, indem er ihr keinen Becher (kasa) des Segens hatte zukommen lassen, sondern einen Napf (navga), was sie als Frau von den richtigen, männlichen Gläubigen ausschloss.

Sie dankte mit einem ursprünglich frauenfeindlichen Zitat aus Ben Sira (Ben Sira 42,13), angereichert und umgekrempelt: »Gerüchte kommen von Hausierern, Läuse von Lumpen« (BT Berakhot 51 a-b). Gezeigt werden die ersten Versuche, die Fluchpsalmen umzukrempeln, jene Gattung, die uns in den »normalen« Psalmen auf Schritt und Tritt begegnet.

Um Dich, Jesus, und Deinesgleichen würd ich werben — wähnt Dein Schrieb — dazu müsste ich aber doch sehr hungrig sein, Du Bemühter, der mich mit Deinen rostigen scharfen Worten erschrieben haben will. Deiner Lenden hungrig bin ich nicht, wie Du meinst, sondern mich hungert nach Brot, nach einem Brotmenschen, der genüsslich an Leib geht, Herz und Kopf. Es gibt wahrlich Jüngere als Dich, jünger im Geiste, gleichermaßen klügere und doch ent-sonnenere. Mein Mund »triefe von Honig«? Deiner sabbert und ich bin eitel Tuch, vom Edelsten, und nicht Latz. Nach »Deinem Herzen greifen« und Dich »verbluten lassen«, wolle ich, klagst Du über mich. Das zweite schmeckte mir schon; doch zum ersten, da müsste ich aber einen gar glitschigen Stein in der Hand halten wollen.

Des begehr ich aber nicht. Und dies noch: Dich in »meine Netze fangen«? Dass Du Dich dann darin verheddert, von Deinem wirren Zappeln und greisem Fahren? Ein Bündel Du da, ein Knuddel, ein Filz von Sätzen. Entwirre Dich, wer will, solcher Lohn ist nicht mein. Du scheinst zu glauben, meine Kunst zielt auf Dich. Aber keine einzige Saite meines »Saitenspiels« wird je für Dich erklingen, auch nicht, um Dich zum Straucheln zu bringen. Keine. Eher würd ich mich an einer solchen Saite aufknüpfen — wenn alle wie Du wären. Eher. Und dass ich Dir da, aufgeknüpft, am Eingang zu Deiner Ich-Höhle ewig den Blick versperre und Dein sauertöpfisches Leben noch galliger mache.

Dies war der Gegenfluch zu Sirach, 9, 1-9, mein Lieber, aber das ist noch gar nichts, denn jetzt kommt das Zurückschmähen auf das erste Kapitel von den »Erfahrungen des Weisheitslehrers« (25,1 – 26-27), der du zu sein vorgibst und du musst dich dann warm anziehen; denn der Winterwind aus dem Libanon tut deiner greisen, vergällten Lunge nicht gut.

Aber deine Häme tut keinen Harm nicht. Du wiederholst da x-mal das von der Bosheit der Frau. Trunksüchtig, lüstern, einfach böse. Mach doch. Zungenfertig aber, frech, unverschämt, schamlos, das wollen wir gern sein. Nicht aber, weil wir deiner gelüsten würden! Du hast recht gesehen: wir tragen das Gesicht wie das einer Bärin. Und dass wir Dir wie eine schmetternde Kriegstrompete erscheinen, das ist uns recht. Und ich muss mit meinesgleichen lachen, wenn ich lese, dass die böse Frau sich vor jedem Pfahl niederlässt und den Köcher vor dem Pfeil öffnet. Nicht doch, wir wählen uns unsre Pfeile selber, und das mit dem Pfahl ist doch reiner Größenwahnsinn!

Groß in Worten, ihr Männer, ja wahrlich. Euer Standbein ist krank und euer Spielbein ist feige, wir drehen einfach euren Spieß um. So einfach. Ihr liegt dumme Turner da auf dem Teppich und wir vögeln fröhlich mit dem sanften, bescheidenen Knüpfer. Und, ach ja, Dein Busenfreund von den »Sprichwörtern«, der ist nicht um einen Deut besser als Du; sein Schatten schützt Dich nicht und ich nehme ihn gern mit auf in meinen Gegenfluch. Richte es ihm aus, wenn Du das bisschen Blut ausgespuckt hat von dem vielen Anecken, Ab- und Anstoßen, du Kugel, Tintenklecks, Pimmelrassler, Ehrendiktator, Nimrud aus Pergament, Palimpsest! Wir dichten Dich über den Haufen.

KÜCHENWEIBER IN
EINIGER ENTFERNUNG

DEN MÄNNERN EIN SPÄTSCHOPPEN

Sie denken laut unter Kochtopfrasseln
Gießen Blei aus Spülicht und Knöchelchen
Könnten nesteln am Kittel wenn sie einen hätten
Und nicht altes Hochzeitzeugs geflickt
Sie sind die Widerprophetinnen
Seht sie und hört gegen die Heeresschwärme sie rufen
Sie schwingen den Kartoffelstampfer und treiben in ihren Pferch
Das Alptraumvieh: »Heuschrecken« der Männer,
»Drachen und Strauße« der Helden.
Das ist ihr Zoo, sagen sie und lachen
Derweil ihre Leibkunden löffeln und gabeln
Die Männchen — meinen die Weibchen — predigen Wasser,
Wein, Essig und Most durcheinander. Sie wissen nicht,
Wo ihr Maul sie hinführt und des Gemächts sind sie kaum Herr
Die Frauen aber kennen einen Spruch, werden ihn einst anwenden:
Wie man Propheten herunterholt, zurückpfeift,
Kleinredet müd und still. Dass sie dann davon schlafen.

Kopf im Arm auf dem Tisch wie Rip van Winkle.
Sie indes lächeln mit einem halben Mundwinkel, nehmen
Des Nachts die Glut auseinander nicht, scharren sie lieber
In die Zukunftsasche. Am nächsten Tag
In aller Frauenfrühe sind sie auf den Beinen
Versilbern die Fußreifen, kaufen Esel und Geschirr,
Kaum sind sie weg aus Mannesauge, so frisst diesen in Windeseile
Der Rost am Spieß, hängt der Feldherr am Tropf,
Sitzt die Amsel am Zug: Die Männer halb
Hören im Nebel den neu-alten Vers noch:
»Rohrdommel und Igel werden in euren Fuhrwerken
Hausen und mausen, des Öls wird es mangeln, eine Fortbewegung
In Glanz und Gluckern entfällt«.
Es geht wieder gegen Abend; die Frauen haben
Den letzten Gang serviert. Die Männer zünden die Zigarren an.
Essensreste viel. Die Köchinnen geben den Essern den Rest
Oder den Laufpass. Bruchnacht und Scherbenmorgen.
Es gart. Es tagt. Der eiserne Besen kratzt
Wie falsch gehaltene Kreide an der Tafel.
Derartige Sachen denken sich die törichten Köchinnen.
Eine von ihnen sieht mehr: ein neues Alter begänne.
Ruft einer dann,
Wo sie abbleiben, so heißt es: Kollegin kommt gleich!

PSALM DER FRAUENZIMMER

DER REIFE
DORNENSTRAUCH

Mein Bett ist voll von deinen halben Siegen
Mein Kopf ist schwer mit deinen Viertellügen
Du bist ein Bruch in meinen Lebenszahlen
Und deine Pflaumen Steine, deren man lacht
Eine schlichte Schlange ist der Jüngling und eine krumme der Greis.
In der Mitte windet sich der Mann.
Wer das eigne Weib verstößt, der sehe nach dem Schlussstein
an seinem Gewölbe.
Lobet die Liebe mit den zwei Seiten und der einen Schneide.
O Mannsbild! Unser Gott schweiget.
Doch will ich deines Trauerschnees nicht und dein Nebel stürzt vor meinem kleinen Licht
Was hanget mir an, das von dir kömmt?
Deine Seele ist eitel Rute, dein Weg Loch an Loch,
Ein Wahrsager bist du mit gespaltner Zung und krebst im Sand.
Alle Blumen der Wüste sind ihre wenigen Tage mein.
Dir bin ich dann ein reifer Dornenstrauch.
Und kannst nur kleine Bisse tun an meinem süßen Saft.
Ich werde mich entsündigen mit Ysop und Vertrauen.

Glätter ist mein Mund denn junge Butter.
Für wessen Lust denn nun?
Mein sind die Untiefen mit den vielen Muscheln.
Ebbe und Flut
Sind in meiner Haut und eine Welle hinter jedem Seufzer.
Ich zeuge es vor dir und zeuge es hinter dir. Ich bin Allem alles, komme von allem,
Bin das Zünglein Ich in allen Göttern und Verderbern.
Die Böcke in deinen Ställen gehen mich nicht an und das Fett
An deinen Schlössern mag andre Klinken locken.
Fluch allen Bolden! Sie winden sich und schwinden;
Sie tändeln und kränkeln.
Vor Zeiten rieb ich an dir, dass nicht ein Lüftlein ging zwischen uns.
Jetzo wir immer noch in Sicht doch diese Meeresenge mittendurch.
Sollst sein ein Anker bei Ebbe und eine Klinge an Butter,
Ein Amboss aus Süßholz.
Ein Kriegswagen ohne Räder wirst du sein, und eine Mistschaufel
In der Sandwüste. Ein Schatten am falschen Platz bist du den früheren Nächsten.
Schrumpfe! Frans aus! Verschimmele wie ein altes Schaubrot!
Dein Ziehbrunnen hat keine Stange mehr, Steppe ist mein, mein auch der Horizont.
Und du kriechst von einem meiner Sätze zum nächsten, immer kleiner und dürrer.
Trockner alter Kamelkot. Und warst ein Wahrheitsvogt.

Schlimmer bist du denn drei Tage Pestilenz und ein
ganzes Land krankt
An deinesgleichen des Morgens und des Abends
Und in der Mittagshitze wohl.
Eine kleine Handreichung zur Steinigung schenke
ich euch:
Wahl der Steine; Berechnung des Einschlagwinkels
und des nötigen Abstands;
Festlegung der Reihenfolge der Würfe; Aussuchen
des Opfers, Wahl der Tageszeit;
mögliche Zwischenfälle und wie sie auszuräumen
sind. Lacht ihr noch nicht über euch?
Wer nicht gesteinigt hat, der trete vor und
belehre uns, sagte ein Mannsbild in der Runde.
Alle Weiber in den letzten Reihen standen
auf, kamen auf ihn zu und zerdrückten ihn zu
Schanden, ohne es gar zu merken, einfach durch
Zahl und Schwung.
Was wird von euch zu sagen sein, das Erste und
Letzte?
Ein Gerücht von dir wird sein und kömmt weit aus
in bösen Mündern.
Und bei schrägen Wirten. Von Kretscham zu
Kretscham werden deine schalen Witzworte
weitergereicht werden, bis sie nur noch Wörter
sind. Und zerfallen, der Rest in den Bach Kidron
geworfen wird.
Und euer Aussatz kommt nicht groß und ihr klagt
nicht ob solchem;
Er nistet ruhig in den Achselhöhlen und an dem
Wunschturm. Eure Zirbeldrüse wird matt und das
Verlangen zieren keine Zinnen mehr.
Dass ihr Farben nicht mehr auseinanderhalten
möget. Es ist euch alles grau in euch und außer euch.

Du mit dem Zitteraal willst des Meeres kundig sein
und schiffst an der Grube vorbei.
Deines Rauschgoldes sind viele Zentner und deine
Zither hat hundert silberne Saiten doch deine
Zähne stinken und deine Lenden klinken aus-
Ein jeglicher nach seinem Zwang — oder wandle
den Frauen nach!
Das Heilige Buch erwähnt einmal einen Mann
mit jeweils sechs Fingern. An jeder Hand. Ich aber
seh unter euch welche mit acht Schneidezähnen.
Und einem Doppelarsch. Wir haben in der Hand
die kleine Rolle, wo von dem Menschen geträumt
wird mit den dreiunddreißig Gedanken im Kopf.
Gleichzeitig. Wird Mann wie Frau sein, beides und
eins.

BLUMEN OHNE STIELE

KLAGELIED DER OPFER

Klagelied der Opfer
Es sind o weh unser ach so viel
Ein jeder fiel ins Schwert und ward den Füchsen zuteil
Noch sind die Opfertische sauber wie Deine Diele
Doch bald strömt unser Blut, dass Dir erwachse ein Heil
Wir liegen dann herum wie Blumen ohne Stiele
Warum stießt Du die tausend Stöß und triebst den Keil
Zwischen Leib und Leben was waren Deine Ziele
Du schweigst Dir kommt ein Zweifel bei
Dein Blutrunst ist wie alter Kampfer
Und Dein Wald ein Sauerampfer
Und Du auf dem falschen Dampfer
Nehme einer die Namen nur und das Papier
Wir lernen schreiben, wenn es sein muss schier
Dass Sehnen und Hirn uns jetzt seien hier.

DER NACHEN AUS SCHILF

LAST ÜBER LANDE

Und es wird aus sein mit dem zweiten Frühstück
Und mit dem ersten wohl auch. Euer Schmalz
Wird fetten fremde Altäre, und die Grieben kross
Sind für das Geschmeiß und keine Hand rührt sich.
Kanaren sacken ab wie Santorin in alten Zeiten.
Nachts werden Autos von bösen Geistern verbeult.
Versichert ist keiner und kofferlos wie er ward, weiß es nicht.
Im Baumarkt gesalbt, König bei Aldi und billigst begraben
Wie eine gute Jugendidee. Pogrom light aller gegen alle.
Eine Nacht genügt den Dieben und ein Augenblick dem Feigen.
Gegen Aufgang flieht die Bande; das Dach ein Loch; das Haus steht leer.
Wüste Schränke grüßen; Tun und Lassen fällt schwer.
Ochsenblut macht Blicke wirr; Tränen fließen in die Seigen.
Ihr tragt vom hohen Ross die hohe Leiter
Und ist doch keine Felswand in der Nähe.
Ihr teert den Nachen aus Schilf in Garben

Für Leut' zuhauf und ist kein Strom zu überqueren.
Ihr habt einen Ring in der Nase, und kein Gott ist es
Erwiesenermaßen, der euch zur Schlachtbank führt.
Ihr tut es euch alles selber halt an:
Das Vergebliche und das Verwerfliche.

FLATTERGOLD UND BANKERHÖLLE

WIDER DIE STEUEROASEN

Sie achten keines Rechtes, spricht der Herr, sammeln Schätze von Frevel und Raub in ihren Palästen
Amos, 3, 10

Denn ich weiß euer Übertreten, des viel ist
Amos, 5,12

Des Unherrn Wort geschah zu mir und ich redete aus seinem Geiste:
Das ist die Last über Tyrus, Malta, Gog, Bahamas, Zidon, Man und Magog. Eure Grenze ist ein Meer der Unsicherheit, eure Küste ein Abgrund, die Fahrrinne zu euch ein Abwasser von euch und an euren Börsen klagen die Tänzer von gestern; rot, sehr rot geworden ist euer Alpaga.

Allerlei Pöbel und Chub lauert bei euch gegen Morgenland, gegen Nebelland und Feierabendland und in der Mitte sollt ihr wie eine wüste Grenze wüste werden.

Deine Bank ist geschlagen, Monaco; deine leeren Schalter, Andorra, speien Schlangen und in deinen schiefen Thüren nisten Igel. Deine Diskretionslinie überspringen die Böcke und die Widder bepissen sie.

Und du, Schweizer Finanz, bist ein dürrer Ast auf nacktem Fels, der Ostwind räumt dich, der Westwind fegt dich, Nord und Süd wirbeln dich in die Gehenna mitsamt deinen Ratings. Am Diensteingang zur »Großen Gier« werden deine ergonomischen Sitze morsch, selbst deine Plaste zerfällt zu Staub.

Und kein Hall der Trompete bringt euch wieder hoch, kein Dunst der Fachleute kleidet euch neu. Ich grabe euren Kassia- und Gebetsmühlen das müde Wasser ab, dass ihr sie mit dem Speichel treiben müsst und nichts kommt in Gang. Ich nehme dir, Delaware, den Wind aus deinen Piratensegeln. Eure Hoffart hat bald ein Ende und ein einziger starker Schlamm ergehe sich über deine Schätze, Babel Unlimited. Kein Mohrenland wird euch schützen, ihr widert die Krokodile an, und der Nil trocknet beim Anblick eurer Banknoten. Ich zerstäube in rauen Mengen eure Funds unter die Länder, die der Konten nicht wissen.

Meine Fahndungen machen nicht mehr halt vor deinen prallen Umschlägen, City. Und meine übersehenen Richtlinien werden dir sein: Hochgericht. Niemand wird mehr über die krumme Art befördert, euch werden die Verdienstorden von der Brust genommen und die Ehrendoktorhüte vom Scheitel gerissen. Ihr sagtet: Der Wasserstrom ist mein und mein die Geleise aus Eisen, und der Dauerfunke im Hause nicht minder. Aber eure Völker erheben sich, jedes nach seiner Weise und ihr liegt flach, hängt durch, und kommt in die riesige Bankerhölle, zehntausend Ellen breit, dass selbst die dicksten Lügen hineinpassen. Basiliske sollen in deinen Tresoren hausen, Jersey. Teer und Naphta, Dubai, werden nicht mehr zu Flattergold; Gogs Haufenthal sei eure Adresse, Hamona euer Palast.

Wir waren beraubt und du warst berauft, aber sieh, ich mache ein Schauspiel aus euch vor den Geringen. Eure Oasen sollen verkümmern, das Investment ist eine Eiterbeule unter den Heiden, und in den Gassen pfeift der Index im Wahn. Darum will ich Krisen über euch schicken, zyklische, dass nicht eine Geldlüge über der anderen bleibe. Und mache eine Wehklage über Panama, weissage über Singapur und spreche die Last über die Jungfraueninseln. Lichtenstein, du finsteres Schwein.

Ich sehe eine Blase wachsen und platzen, ein Erschlagener klagt auf dem Meer der Luftschlösser, und eure Anwälte werden sich kahl bescheren. Du warst über die Maaßen reich, und musst die Koralle deines Atolls fressen. Und abends machen sich die Geigerkrebse lustig über dein altes Blackberry.

Tanze ruhig in deinen Weinbergen gelarvt weiter, hure rüstig auf deinen Dächern weiter, es ist aber eine Untat der anderen gleich, und alles wird aufgedeckt an dem schwarzen Feiertag, wo sich die ganze Welt der Reichen zurückbilden wird zu der Nadelspitze eines Wortes: »Geld«. Wer hat unsre schönen Borne trübe gemacht? Du mit Geiz und Gier, deinen Füßen aus Ton, den zerbrechlichen.[1]

---

[1] Aktuelle Zwischentöne lassen auf eine zeitgenössische Herkunft dieses apokryphen Fluchpsalms schließen. Eine weibliche Autorenschaft wird angenommen, ist aber nicht zwingend.

NACHWORT

Ich bin spät an das Alte Testament gelangt. Als französisches katholisches Kind durfte ich das nicht. Ein Erwachsener hätte vielleicht damals, um die Mitte des vergangenen Jahrhunderts, dürfen können, nach all den vorherigen Jahrhunderten tatsächlichen Verbots, aber er tat es halt nicht. Es gab die Bibel nicht, in den einzelnen Familien erst recht nicht. Und keiner erzählte mir Geschichten daraus oder hat sie einfach erwähnt. Ich nahm zwar die ganze Theologie in mehreren Ausführungen im Katechismusunterricht durch, in der Volksschule und im Gymnasium, aber sie war nicht da.

Dafür Missionsgeschichten ohne Ende, man hätte fast Missionar werden können. Aber die Bibel nicht. Will sagen, das Alte Testament. Vom Neuen erhielt man durch die Evangeliumsfragmente sonntags eine bruchstückhafte Kenntnis. Und im Katechismus war auch davon die Rede, dass ein Anfang gewesen war, und dass Gott in sechs Tagen, und dass Adam und Eva, und dass die Schlange und der Apfel und die Sintflut drauf noch. Jesus tauchte schnell auf, und dessen Wunder, und dessen Kreuz, und wir da unten betend und wartend. Aber, Stichwort Schlange, mir wurde doch früh ein Floh ins fromme

Ohr gesetzt. In der Form einer Histoire Sainte, wie man sie Ende des neunzehnten Jahrhunderts in den konfessionellen Schulen benutzt hatte. Jackentaschengroß, vergilbt, zerlesen, mit schönen kleinen Kupferstichen.

Ich las darin, da in der Wohnung nicht viele andere Bücher waren; ich las weiter darin, als ich daneben meine ersten Comics verschlang. Meine, unsre ganze Energie wurde zwar für die Vergegenwärtigung der Stationen aus Jesus' Leben beansprucht, aber da waren doch als Zugabe die Episoden, wo ich mehr als erforderlich verweilte: Jonas im Bauch des schnaufenden Meerungeheuers, Isaacs Beinahe-Hingang mit dem Busch und dem Schaf als Schlachtersatz, die in die Luft geschleuderten Kampfwagen der Ägypter, als die Fluten zurückkamen, Samson mit dem Rütteln an den Säulen und das Nicht-Illustrierte, das um so mehr herumgeisterte, wie die Nummer überhaupt: Es ist Feierabend und Samson kommt zurück mit dem Eselskiefer in der Hand, vermittels welchem er eben sechstausend Philister hingemurkst hat und die liegen noch, in imaginierter feinerer, dunklerer Schattenschraffur, wie bei Gustave Doré, schwadenweise oder als Berg im Hintergrund.

Doch die Bibel war es nicht, ein Surrogat nur, und die Histoire Sainte verblasste im gleichen Maße, wie ein Comics-Ami im Tiefflug (Buck Danny?) genau soviel jaulende, grinsende Japs hinstrecken konnte, dass die Sprechblasen platzten und nicht mehr gebraucht wurden. Und auch weil zum Deutsch-Lehrbuch für Anfänger in der Quarta Konkurrenten auf den Plan traten: Ganz viele Zwerge und Riesen, der böse Hagen, Siegfrieds Lindenblatt und Lokis Feuerbestattung halfen, über die Hürden von Beugungen und Konjugationen zu kommen. Das Biblische bildete sich zurück zu einer Art Extra-Keller mit Kruschkram, einem Verlies und Blaubarts Schrank. Fragen an den Aumonier im Religionsunterricht brachten nicht weiter: Ja, sicher, gehört schon zum Kanon, bekannten die Lippen; irgendwie gehört es zu uns, aber lasst doch die Toten die Toten begraben, wie es heißt. Und die Frage nach den angeblichen sechstausend Jahren ganz am Anfang? Ach, einfach Bilder, es gibt Wichtigeres, ob du etwa unkeusche Gedanken und unzüchtige Gesten gehabt hast und wie oft und mit wem und ich hoffe, du hast nicht Lust dabei gehabt, das wär besonders schlimm. Hiob und Samson und Noah mussten nun müde grüßen und das Weite suchen.

Bibel dann ab, Klappe zu, Propheten tot. Das änderte sich, als ich mich nach dem Abitur im Deutschen festbiss, eine Liebesgeschichte ohnegleichen, vielleicht die meines Lebens. Und entsprechend lernte, lernte, lernte und las, las, las, ohne Ende, mir die ganze Sprache anlesen wollte (auf dass die ganze Welt sich »deutsch« zählen lasse, Mann und Maus, Kind und Kebse, Hab und Gut). Eine Woche dies, eine Woche das, mal Grimmelshausen und darauf etwas von Salomons Fragebogen, mal Die Räuber und am anderen Tag Das Siebte Kreuz. Ich verstand, was ich konnte, riet, vermutete, fantasierte hinzu gar. Es war wie ein Rigging, ich ließ mich auf dem Floß forttreiben, wollte, an der Mündung angekommen, ein neuer Noah sein und die Spracharche bauen, meinen eigenen Volksbrockhaus, später meinen Duden, meinen Wahrig. Hauptsache: ich hielte am Faden der Geschichte lustvoll fest, ungeachtet einer hohen Verlustquote. Und so kam mir einmal in meiner Weltmeer-Bibliothek des Deutschen auch die Bibel über den Weg, zumal die französischen akademischen Lehrer auch dazu rieten, wolle man etwas von Nietzsches Zarathustra verstehen oder in Brechts Hauspostille einigermaßen mitkommen. Ich verkostete einige Filetstücke, nahm Anteil und Anstoß, fand den Sound des Ganzen großartig und las mir darin laut bis sehr laut auf meinem Zimmer in dem Bodelschwingh-Haus vor, im sogenannten »Transbahnanien«, dem Viertel südlich des Bahnhofs in Tübingen, wo ich das noch lautere Feierabendleben italienischer Gastarbeiter aus Kalabrien teilte. Aber Stücke eben nur, probe- und pröbchenweise: viele Sprüche des Salomo, das Hohelied selbstverständlich, dann viel Evangelien, dass ich bald die feuchte kühle Luft spürte, die Gänge hinunter, die mich ins Katakomben-Christentum zurückführte.

Das sollte so nicht ewig bleiben, denn mein französischer Schwiegervater, ein alter Herr und pensionierter Deutschlehrer, verstarb. Ich erbte seine Bibel, die er vor dem Ersten Weltkrieg noch als Fremdsprachenassistent (ja, das gab es doch schon mal) im damaligen Barmen-Elberfeld erstanden und mit scharfer Stahlfeder minuziös kommentiert hatte, bissig vor dem Ersten Weltkrieg, verzweifelt danach. Las diesmal längere zusammenhängende Teile, und wurde von der Wucht der Sprache erfasst wie von einem vorbeibrausenden Zug. Und wo immer ich aufschlug, grub und bohrte: Unheimliches kam hervor. Gleichzeitig und ohne sichtlichen Bezug zuerst, drang ich tiefer in die Geschichte der Gewalt europäischer Prägung ein, sowohl im Innern des Kontinents wie auch auf den erbeuteten anderen Weltteilen. Ich häufte Fakten an, haarsträubende. Brachte das natürlich-marxistisch mit den Interessen sozialer Klassen in Verbindung, das waren ja die siebziger und achtziger Jahre. Allein etwas Anderes, Komplizierteres war am Werk, ein trüber Rest. Das Christentum war missbraucht worden, instrumentalisiert zu Machtzwecken: des Staats in der Kirche, der Kirche im Staat, zuletzt des Staats als Staat nur noch, aber immer noch gekleidet in dem purpurnen blutigen Gelumpe geheiligter Namen, Orte, Sätze, Worte. Die alleinseligmachende Kirche, die fürstlichen Verdreher des Wortes, sie alle beglaubigten ihre Landnahmen und Unterwerfungen und Gängelungen mit Gottes Botschaft. Die Katholiken wurden vor mein Gericht zuerst geladen und abgeurteilt: Unsinn und Unheil der Kreuzzüge, später Amokläufe von Philipp dem Zweiten bis hin zur Absegnung Francos.

Aber die Protestanten nicht minder, befand ich nach und nach. Nicht nur die Grausamkeiten in den französischen Religionskriegen, nicht nur Michel Servets Martyrium in Genf, das alles zog sich hin bis in unsere moderne Zeiten. Die Bibelwortlaut-Fanatiker hatten damit ihre Eroberung von Nord-Amerika gerechtfertigt, noch effizienter als die katholischen Fürsten in der südlichen Hemisphäre. Sie konnten den anderen die Stellen zeigen: Hier im Buch steht es, dies ist das Gelobte Land, unsres, ihr seid die Kananäer und ihr müsst des Landes verwiesen werden. Wir werden für euch beten, dass Gott euch gnädig sei im Nirgendwo. Das gleiche Szenario ereignete sich noch einmal mit den Buren im 19. und 20. Jahrhundert, in fast exemplarischer Form.

Und das Dritte Reich, in säkularisierter Form und ohne Diesseits-Glauben, aber mit dem Habitus, mittels der deutschen Bibelsprache, mit Lutherscher

Kraft an den verhängnisvollen Freibrief zur Niedermetzelung der aufrührerischen Bauern (oder der Juden, wie in »Wider die Juden und ihre Lügen«) erinnernd — und gar Israel fatalerweise mit dem ganzen Geschreie um Eretz-Israel. Und jedes Mal war nie das Evangelium gefragt, sondern bei den Katholiken der nackte Machtanspruch der Kirche. Des Kirchenstaats oder christlichen Staates (compelle eos!). Und bei den Protestanten, das ganze Alte Testament musste herhalten, geballt. Was tun?

Der Weg ist vermint, denn die Forderung nach der Abkoppelung vom Alten Testament, zwar eines der drängendsten Probleme des frühen Christentums, fast zum Sieg gekommen mit Markion, hat fast jede Berechtigung und jeden Kredit verloren, seitdem sie, nach den Waffengängen deutscher Theologen wie A. von Harnack, zuletzt in rassistischem, faschistischem Sinne missbraucht worden ist von den Deutschen Christen und von A. Rosenberg im Mythos des Zwanzigsten Jahrhunderts.

Nicht dass ich die Verherrlichung der Gewalt in anderen Kulturen übersehen hätte. Man darf nicht verabsolutieren, und es gibt kein Monopol der Verherrlichung der Gewalt. Ich kann mich ganz genau an den Brechreiz erinnern, der mich ergriff, als ich zum ersten Mal die seit der Kindheit geliebte Odyssee in der ungekürzten Fassung las. Dass die Freier alle umkamen, damit war ich längst vertraut und erwartete da vom zurückgekehrten Ehemann keine Großmut. Aber dass Odysseus sich die Mägde und Knechte alle vornimmt und sie aufknüpft und dass Homer darüber fast genüsslich berichtet, »wie Wachteln am Strang hingen sie dann da«. Da war Griechenland um einige Buchstaben in meinem Rating zurückgestürzt. Die Lektüre von Christa Wolfs Kassandra, mündend in eine Vorlesung für Examenskandidaten, hat mich aufgewühlt. Aber der weltenbreit klaffende Unterschied war doch: Diese heidnischen Sternstunden der Gewalt sind nie in eine Religion unserer Zeit übernommen und beglaubigt worden. Sind damals auch nicht Teil irgendeines Kanons geworden. Unter den griechischen Göttern selber tobte sowieso viel Gewalt. Und es waren unendlich viel Tricks und Kniffe, wie man sich da rauswinden und -schwindeln kann. Anders hier in meiner (ich bin ja, was man einen Kulturchristen nennt) christlichen Welt. Aufrufe zu Mord und Totschlag gab es in dem Alten Testament die Fülle, aber selbst in den sonst so irenischen Evangelien gab es unmögliche Stellen, wie den Satz aus dem Munde Jesu: »Doch meine Feinde, die nicht wollten, dass ich über sie herrschen sollte, bringet her und erwürget sie vor mir!« (Lukas, 19, 27).

Nichtsdestoweniger faszinierte mich diese sprachliche Energie und Wortdynamik, immer noch, vielleicht immer mehr: Rhetorische Gewalt und ideologische Gewalt-samkeit so nahe beieinander. Konnte man sie denn nicht auseinanderzerren, die Sprache ent-kräften, sie mit ihren eigenen Kräften schlagen gar? Etwas war es, das mich zwang, selber dazu zu schreiben, ein Schaf im Wolfspelz zu werden: Die Frauen. Ich hatte viele Bücher gelesen, die sich mit der postumen Ehrenrettung der Frauen beschäftigten, wie Christine Brückner mit »Wenn du geredet hättest, Desdemona« und, einzig unter ihnen, Christa Wolfs »Kassandra«. Aber wie war es denn um die Frauen im Alten Testament bestellt? Die Antwort kam mit Franz Fühmanns Tamar in der gleichnamigen Kurzgeschichte. Vor den Kopf gestoßen in zehn Seiten. Es lag auf der Hand; es war alles zu tun, es galt einzuschreiten und beinah immer wieder. Mit Worten den Seiteneingang zu Gottes Schöpfung aufmachen und Unrecht rächen oder eher sogar unmöglich machen. Natürlich hatten viele schon sich der Frauen angenommen, gerade in letzter Zeit. Und sinnigerweise Frauen. Aber entweder waren es immer dieselben Figuren, die behandelt wurden, wo Anpassung an die Männerwelt angesagt war, Ruth und Esther und Judith.

Und man ließ die Skandal- und Zweifelsfälle raus. Oder bearbeitete sie neuerdings in einigen Fällen theologisch-kritisch, so ganz ausführlich-exemplarisch bei Ingrid Sölle, ohne jedoch den Tot-und-schuldig-Geschwiegenen selbst Zeilen-Raum und Atem der Imagination zu lassen und sie in die Fiktion zu entlassen. Oder aber es waren in der Tradition angelsächsischer Literatur langatmige Romane, die sich in der biblischen Kulisse verloren und in Traumgefilden verdünnten. Während der Leser/die Leserin in der schneidenden Kurzform der Prosafortschreibung an diesen Figuren, vormals schlechtgemacht oder weggezaubert, den Alleinvertretungsanspruch des Mannes in der Ehe, den des Königs über sein Volk, den des einen Gottes über sein Volk und des einen Volks über seinen Gott gleichzeitig bloßlegen kann!

Das Weitere war ganz leicht. Eine erste Frau öffnete die Seitentür, es war Arpa, die Zwillingsfigur zu Ruth, die so ganz anders handelt als diese Vielgelobte und die in der riesengroßen Versenkung biblischen Schreibens verschwindet. Die nächste war bald da, und dann eine dritte. Sie reichten sich die Klinke in die Hand und spitzten die Feder nach. Sie sind nun da, Opfer, Sündenböckinnen, Mitwisserinnen, Prophetinnen; Männer sind dabei, einige, denen man Weiblichkeit anlastete, oder das Heer ihrer Peiniger und Wegzauberer, sowie einige Sprüche und Gedanken, wie sie Frauen hätten schreiben können. Der Leser/die Leserin wird diese Texte zu den Apokryphischen Büchern zählen dürfen, sich sowieso dabei seine/ihre Bibel zusammenstellen, wie alle es immer mussten: durch Nehmen und Fügen, Überzeichnen und Abrunden. Sein/ihr Buch und ihr aller Buch wird weiterleben in aller Zeitlichkeit.

MERK-ZETTEL

Der/die geneigte Leserin merke: Ich habe nicht nur die kanonischen Bücher herangezogen, jüdischer, katholischer oder protestantischer Art, sondern die Apokryphen gleich dazu genommen. Vorgearbeitet wurde anhand verschiedener Ausgaben und Übersetzungen, an erster Stelle mit der lutherschen als dem im deutschen Sprachraum meist gebrauchten und missbrauchten Text. Bei der gelegentlichen Klärung eines Sachverhaltes oder einer Ausgangssituation habe ich die Septuaginta benutzt, höchst selten den hebräischen Urtext. Der griechische Text erschien mir als eine einigermaßen schon sprachlich ent-sakralisierte Vorlage besser geeignet, diese meine Quer-Ausstiege neben sich zu dulden als eine Art Wurfschatten und Text-Vor-, Neben- und Nachhölle.

Diese bescheidene Fortschreibung einiger Stellen aus dem Alten Testament ist im Geiste der Vorlage erfolgt: mit nicht wenigen offenen und verborgenen Widersprüchen, vielen unklaren Querverweisen und — nicht zu vergessen — Bildern um ihrer selbst willen. Zu einem sehr offenen Werk ein noch offeneres Beiwerk. Ich stehe zu dieser lutherschen Sprache, zu ihrem Impetus: Schrei, Ruf und Spruch in einem.

Übrigens: Auch ist die Rechtschreibung von Orts- und Personennamen nicht überall vereinheitlicht worden, wenn auch oft, wenn es sich lohnt, doch Luther getreu. Soll ja Nachbuch wie Vorbuch recht buntscheckig sein, gleich Gottes Mantel mit den vielen Falten.

Nantes (Frankreich) / Berlin-Prenzlauer Berg

JEAN-PAUL BARBE, Jahrgang 1939, war als Germanist und Kulturwissenschaftler an französischen Universitäten tätig. Im heimatlichen Nantes gründete und leitete er das Centre Culturel Franco-Allemand, das später zum Centre Culturel Européen ausgebaut wurde. Er übersetzte aus dem Deutschen (Fritz Rudolf Fries, Christoph Peters, Sarah Kirsch, Volker Braun und andere) und erhielt den Übersetzerpreis Gérard de Nerval sowie (zusammen mit Alain Lance) den Max-Jacob-Preis für die Übersetzung ausländischer Lyrik.
Als Autor veröffentlichte er im französischen Verlag Joca Seria drei Romane: *Villa Ker Enfance*, Nantes 2002 (ausgezeichnet mit dem Prix de l´Académie de Bretagne), *Admiraal Tromp*, Nantes 2003 und *Port-Ponant*, Nantes 2005. Er schreibt auch Reisebilder: *L´Europe buissonnière* (Editions Siloé, Nantes 2005) und Essays, wie *Le Dict des Lieux* (Editions A la criée, Nantes 2008). Von ihm erschien auch 2016 ein Bild- und Textband über Streifzüge durch die Auvergne: *Le Cantal vagabond* (Editions de la Flandonnière, Lascelles 2016). Nach *Events in Kuhschnappel* (Projekte-Verlag Cornelius, Halle an der Saale 2012), ist *Ein Unheiliger Schrieb* sein zweites, original deutsch verfasstes Werk. Jean-Paul Barbe lebt in Nantes und Berlin.

Berlinica präsentiert

Neue Bücher 2023-2025

Gebunden, ca 80 Bilder; 22,50 €
Format: ca 200 Seiten;
21,6 x 14,0 cm
ISBN: 978-3-96026-058-5

Broschur, ca 50 Bilder; ca 20,00 €
Format: ca 300 Seiten;
22,4 x 15,2 cm
ISBN: 978-3-96026-061-5

Gebunden, s/w, 9 Bilder; 20,00 €
Format: 192 Seiten; 21,6 x 14,0 cm
ISBN: 978-3-960260-51-6
978-3-96026-052-3

Gebunden, s/w, 90 Zeichn.; 16,00 €
Format: 272 Seiten; 22,4 x15,2 cm
ISBN: 978-3-96026-036-3
   978-3-96026-044-8

Gebunden, s/w, 102 Zeich.; 16,00 €
Format: 272 Seiten; 22,4 x15,2 cm
ISBN: 978-3-96026-037-0
   978-3-96026-045-5

Gebunden, sw, 64 Bilder; 20,00 €
Format: 224 Seiten; 22,8 x15,2 cm
ISBN: 978-3-96026-012-7
   978-3-96026-075-2

Gebunden, s/w, 81 Zeichn.; 16,00 €
Format: 272 Seiten; 22,4 x15,2 cm
ISBN: 978-3-96026-038-7
   978-3-96026-046-2

Gebunden, s/w, 41 Bilder; 12,00 €
Format: 320 Seiten; 22,4 x 15,2 cm
ISBN: 978-3-96026-039-4
         978-3-96026-048-6

Broschur, s/w, 67 Bilder; 14,00 €
Format: 176 S.; 21,6 x 14,0 cm
ISBN: 978-3-96026-069-1
Demnächst als gebundenes Buch

Broschur, s/w, 6 Bilder; 10,50 €
Format: 168 Seiten; 21,6 x 14,0 cm
ISBN: 978-3-96026-033-2
         978-3-96026-049-3

Broschur, sw, 4 Bilder; 11,50 €
Format: 136 Seiten; 21,6 x 14,0 cm
ISBN: 978-3-96026-050-9
         978-3-96026-082-0

Broschur, s/w, 20 Bilder; 14,00 €
Format: 210 S.; 21,6 x 14,0 cm
ISBN: 978-3-96026-023-3
       978-3-96026-088-2

Gebunden, sepia, 22 Bilder; 12,00 €
Format: 96 Seiten; 20,3 x 12,7 cm
ISBN: 978-3-96026-018-9
       978-3-96026-019-6

Broschur, s/w, 21 Bilder; 14,00 €
Format: 256 Seiten; 22,4 x 15,2 cm
ISBN: 978-3-96026-015-8
       978-1-935902-47-8

Broschur, sw, 6 Bilder; 10,50 €
Format: 116 Seiten; 20,3 x 12,7 cm
ISBN: 978-3-96026-020-2
       978-3-96026-096-7

Broschur, s/w, 177 Bilder; 24,00 €
Format: 218 S.; 28,3 x 21,6 cm
ISBN: 978-3-96026-000-4
　　　　978-3-96026-001-1

Broschur, Color, 140 Bilder; 16,50 €
Format: 96 S.; 21,6 x 21,6 cm
ISBN: 978-1-935902-11-9
　　　　978-3-96026-078-3

Broschur, farbig; 105 Bilder, 16,50 €
Format: 96 Seiten; 25,4 x 20,3 cm
ISBN: 978-3-96026-094-3
Gebunden: 978-3-96026-095-0

Softcover/French flaps, full color
140 pics and maps; $14.00
Dimensions: 176 pp; 5 x 8"
ISBN: 978-1-935902-44-7

www.ingramcontent.com/pod-product-compliance
Lightning Source LLC
LaVergne TN
LVHW040058080526
838202LV00045B/3697